UTB

W0365066

UTB 3002

Eine Arbeitsgemeinschaft der Verlage

Böhlau Verlag · Köln · Weimar · Wien
Verlag Barbara Budrich · Opladen · Farmington Hills
facultas.wuv · Wien
Wilhelm Fink · München
A. Francke Verlag · Tübingen und Basel
Haupt Verlag · Bern · Stuttgart · Wien
Julius Klinkhardt Verlagsbuchhandlung · Bad Heilbrunn
Lucius & Lucius Verlagsgesellschaft · Stuttgart
Mohr Siebeck · Tübingen
C. F. Müller Verlag · Heidelberg
Orell Füssli Verlag · Zürich
Verlag Recht und Wirtschaft · Frankfurt am Main
Ernst Reinhardt Verlag · München · Basel
Ferdinand Schöningh · Paderborn · München · Wien · Zürich
Eugen Ulmer Verlag · Stuttgart
UVK Verlagsgesellschaft · Konstanz
Vandenhoeck & Ruprecht · Göttingen
vdf Hochschulverlag AG an der ETH Zürich

UTB Profile

Lothar Kolmer

Geschichtstheorien

Wilhelm Fink

Prof. Dr. Lothar Kolmer, geb. 1948, Studium der Germanistik, Geschichte, Soziologie, Politologie in Regensburg und Heidelberg, seit 1992 o. Univ. Prof. für Mittelalterliche Geschichte und Hist. Grundwissenschaften an der Universität Salzburg.

Bibliografische Information der Deutschen Nationalbibliothek.

Die Deutsche Nationalbibliothek verzeichnet diese Publikation in der Deutschen Nationalbibliografie; detailliertere bibliografische Daten sind im Internet über http: //dnb.d-nb.de abrufbar.

Wilhelm Fink Verlag GmbH & Co. Verlags-KG, Jühenplatz 1–3, 33098 Paderborn
ISBN: 978-3-7705-4388-5

Printed in Germany
Satz: Ruhrstadt Medien, Castrop-Rauxel
Layout & Einbandgestaltung: Alexandra Brand auf der UTB-Reihengestaltung von Atelier Reichert, Stuttgart
Herstellung: Ferdinand Schöningh GmbH, Paderborn

UTB-Bestellnummer: ISBN 978-3-8252-3002-9

Inhalt

Einführung

Geschichtstheorien im Profil

Anhang:

Einführung

»In den Kreisen derer, die in den historischen Studien ihren Beruf sehen, sind, wie es scheint, die Fragen nach dem Wesen ihrer Wissenschaft, nach ihrer Theorie und ihren Methoden, nach ihrem Verhältnis zu anderen Gebieten menschlicher Erkenntnis, wenig beliebt. Vielleicht weil sie dem einen für unerheblich, dem andern für abseitig gelten, dem dritten es genügend erscheint, aus der eigenen wissenschaftlichen und Lebenserfahrung die für ihn endgültigen Anschauungen gewonnen zu haben«.[1]

Was Gustav Droysen (1808–1884) vor ziemlich genau 150 Jahren formulierte, scheint überzeitliche Gültigkeit zu besitzen. Das Nachdenken über Geschichte steht bei den Historikern oft genug hinter der »praktischen« Arbeit zurück, für die es zu genügen scheint, das handwerkliche Repertoire samt anwendbarer Methode zu beherrschen. Die Folgen sind positivistisch anmutende Arbeiten mit großer Faktenfülle und Ursache-Wirkung- Erklärungen, zudem entsprechend umständlich, unverständlich – szientistisch – geschrieben. Dass die Geschichts- keine Leitwissenschaft wie im 19. Jhd. mehr darstellt, rührt auch von daher. Wenn über die Gesellschaft und ihre Geschichte, d.h. ihre Grundlagen, Zustände, Perspektiven nicht reflektiert wird, fließt das nicht in die Arbeiten ein; der so oft beschworene Orientierungsbedarf (postmoderner Zeiten) bleibt ungestillt; die Chance, die Stimme der Disziplin zu Gehör zu bringen, ungenutzt. Damit ist für dieses Buch Position bezogen: die der »Theoriebedürftigkeit« der Geschichtswissenschaft.

Dieses Buch will einen grundlegenden Einstieg und Überblick in die Geschichtstheorien mit Gewicht auf den Geschichtsphilosophien geben. Das Zielpublikum gilt es dabei immer zu berücksichtigen: vor allem die Voraussetzungen und Einstellungen der Studierenden. Nach der eigenen Lehrerfahrung sind von Marx und Kant noch die Namen bekannt, inhaltlich vermögen aber nur wenige Einzelne einige Sätze über sie zu äußern; von Herder und Hegel haben die Allermeisten noch nie etwas gehört. Ferner fällt es doch relativ vielen Studierenden nicht leicht, schwierigere Texte mit komplexeren Aussagen zu erfassen und zu interpretieren. Das ist keine Klage, sondern eine Feststellung, die bei der Lehre in Wort und Schrift zu berücksichtigen ist und hinter diesem Text steht.[2]

Die Bedeutung von Theorien für das Studium der Geschichte

Beim Versuch einer Definition des Begriffs »Geschichte« ergibt sich »der wenig befriedigende Umstand«, dass gewöhnlich mehrere Sachverhalte damit bezeichnet werden. Auf Karl-Georg Faber gründend lässt sich unterscheiden:

Definition

- **ein realer/materialer Begriff von Geschichte als »gewesenes Geschehen« = Geschichte als Vergangenheit.**
- **ein formaler Begriff: Geschichte = Beschäftigung, Umgang mit diesem »gewesenen Geschehen«, auch als »Studium der Geschichte«, einschließlich des »Denkens« über Geschichte.**
- **Geschichte als Produkt aus obiger Beschäftigung = gewonnene – wissenschaftliche – Erkenntnis, auch und gerade in Form von Geschichtsschreibung.**[3]

Gewöhnlich wird der Begriff eher unscharf benutzt und enthält Elemente aus allen drei Bedeutungen. In der Geschichtstheorie geht es allerdings noch eine Stufe weiter, auf die Ebene der Reflexion und der Erklärungen über »Geschichte«. Dabei stellen sich folgende Fragen:
- Wie geschieht »Geschichte«? Aus sich heraus? Durch Zufall? Gibt es irgendetwas, irgendwen, der »hinter« ihr steht, sie bewegt?
- Gibt es einen Anfang, ein Ende; gibt es Sinn, Ziel, Zweck?

Das sind die »klassischen Fragen«, auf die hier eingegangen wird, ohne sie auf diesen wenigen Seiten endgültig beantworten zu wollen und können, wie auch auf folgende:
- Wie geschieht Erkenntnis von »Geschichte«, überhaupt die von Vergangenheit?
- Wer erkennt Geschichte und wie geschieht dies?
- Wie kommt »Geschichte« zustande? Macht sie ein Historiograph?
- Gibt es überhaupt so etwas wie vergangene »Realität«? Ist nicht die »Geschichte« immer schon vergangen – nur Geschichte also? Wenn denn überhaupt, wie ist vergangene Realität erkennbar?
- Wie steht es um die »Wahrheit« der Geschichte? Wenn denn überhaupt, wie kommt sie zustande?

- Wozu dient Geschichte? Reinem Erkenntnisinteresse, konkreten gesellschaftlich-politischen Interessen oder praktischen Zwecken? Mit welchen Konsequenzen?
- Lässt sich aus der »Geschichte« lernen?

Damit erscheinen zwei grundsätzliche Problemstellungen:
1. Die Frage nach dem Verlauf der (Menschheits-)Geschichte, von den Anfängen bis in eine Zukunft, mit wesentlichen Epochen, Abschnitten, Einwirkungen
2. Die Frage, wie das notwendige Wissen über Geschichte gewonnen und mitgeteilt werden kann.

Beide Problemstellungen werden des öfteren miteinander verwoben, was im übrigen schon seit der Antike geschieht. Viele der damaligen Anschauungen und Reflexionen werden in späteren Jahrhunderten immer wieder aufgegriffen und bedacht. Dieses Denken ist nicht zu einem Ende gekommen. Die vielfältigen Herausforderungen der (Post-)Postmoderne bedingen weitere Auseinandersetzungen.

Braucht die Geschichte Theorie?

Auf diese Frage ließe sich schlicht – und etwas ironisch – antworten: Gibt es »die Geschichte« realiter nicht, dann auch keine Theorie. Die Frage aber, ob die »Geschichtswissenschaft« eine Theorie brauche, lässt sich sehr wohl praktisch wie theoretisch beantworten.

Der im Jahr 2006 verstorbene Reinhart Koselleck (*1922) vertrat die Position einer »Theoriebedürftigkeit der Geschichte«. Golo Mann (1909–1994) dagegen äußerte eine Gegenposition. Die Probe anhand von Exempeln aus der aktuellen Geschichtsschreibung erweist häufig deren Theorieferne bzw. -mangel. Da folgen Ereignisse einander chronologisch, gewöhnlich durch Ursache-Wirkung-Erklärungen verbunden (Regenfälle ⇒ Ernteausfälle ⇒ Hungersnöte ⇒ Revolution). Die Ereignisse, mechanisch ablaufend, etwa bei einer »Revolution«, werden dann den Quellen nach geschildert. Der Anspruch auf Abbildcharakter soll darlegen, wie »es eigentlich gewesen« ist (→ Historismus, S. 44). Historische Realität existiere, sei, so diese gängige Meinung, in den Quellen enthalten. Aus den daraus gewonnenen Daten und aufbereiteten Fakten lasse sich das Bild vergangener Ereignisse zeichnen. Dafür bedürfe es nur aller kritisch geprüfter und geordneter Fakten. Zu dieser positivistischen »Theorie« (→ S. 51, 57) mag sich freilich kaum noch jemand offen bekennen; das Verdikt eines »naiven Realismus« steht im Raume: Vom (Berg-)Gipfel der Gegenwart aus betrachtet, erstrecken sich die historischen Epochen tief gestaffelt in die Ferne, in der es etwas dunstig wird. Ein Maler fertigt von diesem Punkt ein Landschafts-, ein Historiker ein Geschichtsbild oder gleich ein Historiengemälde.

Für derartige Darstellungen brauche es keine Theorie, meinte Golo Mann, ein unbestritten großer literarischer Textgestalter. Historiographie galt ihm eher als »Kunst«, nach den Regeln der Poetik zu gestalten. Er reiht sich so in eine lange Tradition, die mit Aristoteles (384–322 v. Chr.) einsetzt, im 18. Jhd. wieder eine Renaissance erfuhr und im *linguistic turn* der 1970er Jahre (→ S. 13, 56) eine Art von Wiederauferstehung erlebte. Die Geschichtsschreibung stand nach dieser Auffassung dem Roman, dem Epos, den »großen Erzählungen« also, im Rang nach. Denn aus den Berichten über historische Geschehnisse mit subjektiven Sichtweisen, Bruchstücken, ließe sich keine tiefere Einsicht in die Welt und das Leben in ihr gewinnen. Dies erreiche erst die literarische Formung und Verdichtung des historischen Roh-Stoffs; er sei nur das Material, mit dem dafür entsprechend frei umgesprungen werden müsse.

Geschichte als Roman

Damit war schon das Feld der Romantheorie beschritten, das der Geschichtsschreibung verlassen. Sind aber Roman und Historiographie nicht doch zumindest verschwistert? Friedrich Schiller (1759–1805) stand nahe bei der Literatur, die ersten Universitätshistoriker wie Johann Christoph Gatterer (1727–1799) lehnten sich weiterhin an die römische Historiographie an. Sie galt immer noch als mustergültig. Der Anspruch auf »Wissenschaftlichkeit« musste im 18. Jhd. begründet und im 19. Jhd. durchgesetzt werden. Aus einer gewissen, unvermeidbaren Nähe zum »Epos« rührt vielleicht die Angst, mit so einer Darstellung der »Unwissenschaftlichkeit« bezichtigt zu werden – aber nicht bei theorieleeren Abhandlungen. Diese Diskussionen laufen im Grunde seit der Antike, wenn Darstellungs- und Gattungsfragen diskutiert werden.[4] Dabei vermischen sich die Ebenen von der Geschichtsschreibung hin zur Geschichten-Schreibung: Vergangenheit wird im historischen Roman nach den Quellen modern-sprachlich nacherzählt; historische Fakten bilden die Grundlagen für einen (Kriminal-) Roman, der nach dessen Gestaltungsprinzipien erzählt wird; historisches und methodisches Wissen gingen gebündelt z.B. in Umberto Ecos *Namen der Rose* (1980) ein.

Geschichte als Sammelsurium

Manche moderne Kritik, etwa die von Paul Veyne (*1930), greift ebenfalls ein antikes Verdikt auf: Geschichte sei ein Sammelsurium, aber »keine Wissenschaft«, weswegen sie keine Theorie brauche. Der Historiker könne mit den ihm zur Verfügung stehenden Dokumenten weder einen konkreten, unmittelbaren Zugang »zur Vergangenheit finden, noch diese lückenlos« erfassen. So blieben »Löcher« offen, die »nur zu einem geringen Teil bewusst durch Theorie und Hypothesen«, zu einem »viel größeren Teil unbewusst« zu stopfen versucht würden.[5] Solche Bastelei (*bricolage*) aber, so die nahe liegende Schlussfolgerung, sei keine »Wissenschaft«. Autoren aus diesem Lager verneinen gewöhnlich die Notwendigkeit einer Theorie – oder halten ihre Methoden schon dafür. Geschichte wird traditionell realistisch weiter geschrieben. Wie ein Blick in die erschienene Literatur zeigt, funktioniert das durchaus. Die Anwendung der traditionellen Regeln der Quellenkritik und Interpretation der Fakten führt – so eine durchaus vertretene, aber problematische Meinung – zur »Objektivität« der Geschichtswissenschaft. Diese wird dann mit Wissenschaftlichkeit gleichgesetzt oder soll diese begründen.

In diesem Buch wird hingegen auf der »Theoriebedürftigkeit der Geschichte« beharrt. Denn trotz der Meinung, es gehe auch ohne Theorie, werden hinter solchen Anschauungen jeweils doch spezifische Annahmen von Wirklichkeit oder Realität sichtbar. Es ließe sich zugespitzt sagen, die Postulierung keiner Theorie sei schon eine und die damit verbundenen Annahmen von »Wirklichkeit« zählten ihrerseits zu den »Metatheorien«. Hinter einer Theorie stehen also noch Auffassungen von Gesellschaft, Natur, Welt und Menschen, also ein Welt- und Menschenbild. Diese sind in allen historischen Darstellungen enthalten, aber selten in die Autor-Reflexion einbezogen. Doch die jeweiligen Einstellungen eines Verfassers (bzw. die seiner Gesellschaft) etwa zu Macht und Moral, Religion, Politik, Sexualität usw. wirken sich auf die Interpretation der Vergangenheit ebenso aus wie auf die Gestaltung der Gegenwart und die Visionen für die Zukunft. Das ist eine Einsicht, die im 18. Jhd. schon explizit formuliert und durch die Psychoanalyse im 20. Jhd. bestätigt wurde.

Historiker und Historikerinnen kommen ohne Reflexion nicht aus. Sie müssen den »zweiten Beobachterstandpunkt« – konstruktivistisch gesagt – einnehmen und sich beim »Beobachten beobachten«, also über sich und ihr Tun reflektieren und dies in ihre Arbeit einbringen.[6] Reflektierte Metatheorien leiten und strukturieren das wissenschaftliche Arbeiten. Sie »spezifizieren das Erkenntnisziel, bestimmen die Art der zulässigen Problemlösungen, geben Anweisungen für die Konstruktion, Interpretation und Kritik der Theorien, programmieren und bewerten den Erkenntnisfortschritt der Wissenschaft«.[7]

Der aktuelle Stand der Debatten

Die Verwegenheit, auf wenigen Seiten einen Abriss von Theorien über »die« Geschichte zu versuchen, kann heftige Resonanzen verursachen. Dies bewiesen die Dissonanzen, als – vor mittlerweile Urzeiten, im Jahre 1971 – Karl-Georg Faber, seine »Theorie der Geschichtswissenschaft« veröffentlichte. Das Werk hatte seine unzweifelhaften Meriten, schon allein deswegen, weil ein Überblick angestrebt wurde; doch gerieten diese ein wenig aus dem Blick angesichts des Faberschen Versuchs, eine eigene Theorie aufzustellen. Dies rief z.T. heftige Kritik hervor, die im Einzelnen von jeweiligen philosophischen und sonstigen Standorten und -punkten her nachvollziehbar war, aber für weitere derartige Projekte doch verhindernd wirkte. In der damaligen eher theorieleeren Universitätslandschaft regte das Werk zur Auseinandersetzung und Diskussion an und erwies sich schon allein deswegen als verdienstvoll.

Ein anderer Grund, warum derartige Werke ausblieben, mag auch mit dem Paradigmenwandel der 1980er Jahre zu tun haben. Die Postmoderne lehnte autoritative »Meistererzählungen« ab, hielt angesichts von erklärter Pluralität einen solchen einheitsstiftenden Diskurs überhaupt nicht mehr für möglich. *Die* Theorie von Geschichte konnte es sonach nicht mehr geben, nur noch mehrere nebeneinander, mit jeweils offener Gültigkeit und Reichweite.

Dies kam dem Teil der Geschichtswissenschaft zupass, der meinte, auf derartiges Grundwissen ohnehin verzichten zu können – wozu manche gewollt schwer verständliche Positionen postmoderner Denker unfreiwillig Argumentationshilfe boten. In der Praxis, im Studium kann man, wie ein Kundiger meinte, »ganz ohne Theorie durchs Leben kommen«.

Das Zeitalter der »turns«

Die Zahl der entsprechenden Überblicksdarstellungen hat sich in der letzten Zeit so auch nicht besonders erhöht. Es finden sich zwar spezifische Abhandlungen zu einzelnen Aspekten und Problemen, doch zu einer lesbaren Synthese kommt es selten. Anders sieht es in den Nachbardisziplinen aus, etwa in der Philosophie oder den Literaturwissenschaften. Hier haben sich alle möglichen *turns* (etwa der *linguistic* (→ S. 86f.) oder der *iconic* turn[8]) niedergeschlagen und werden diskutiert. Die Geschichtswissenschaft erscheint dabei eher passiv, allenfalls rezeptiv, mehr noch defensiv.

So lässt sich resümieren: Bei den Theorien wird weiter über Details nachgedacht und geschrieben. Eine eigene, entwickelte »Geschichtstheorie« scheint aber unter den gegenwärtigen, auch philosophischen Bedingungen und Parametern eher ausgeschlossen. Frühere Versuche konnten nicht überzeugen, geschweige denn sich durchsetzen. Momentan überwiegen die »Importe« aus anderen Disziplinen, die irgendwie – nach dem Modell postmoderner *bricolage* – eingebracht und zusammengebastelt werden. Das muss kein Nachteil sein, erweitert dies doch den Frage- und Arbeitshorizont und unser »Handwerkszeug«. Vor allem die Sprachwissenschaften haben großen Einfluss ausgeübt, jetzt werden die Neurowissenschaften zu denken geben.

Aufgaben von Theorien

Theorien fassen erarbeitete Erkenntnisse zusammen, um Mensch und Welt besser und vor allem kritisch zu verstehen. Die Theorien dienen der Überlieferung/Tradierung, Überprüfung, Reflexion, Systematisierung und vor allem der Vermehrung unseres Wissens. Dieses wird gespeichert, um auf der Basis »Mehr-Wissen« zu erzeugen. Damit sind Theorien die »Hauptinformationsträger der wissenschaftlichen Erkenntnis«. Diese ist immer theorieabhängig.[9]

Eine ausformulierte Theorie kann als konzeptionelle Strategie für die Lösung eines gesellschaftlichen/wissenschaftlichen Problems angesehen werden. Theorien leiten den Erkenntnisprozess, die Auswahl der zu behandelnden Probleme, bestimmen deren Relevanz wie auch die der gestellten Fragen, sie dienen der Überprüfung anderer und als Anreiz zur Produktion neuer Theorien. Theorien bilden die Grundlage für Kategorisierungen, während Methoden die Werkzeuge für den Interpretationsprozess geschichtlicher Quellen bereitstellen.

Merksatz

Eine geschichtswissenschaftliche Theorie muss die folgenden Minimalanforderungen erfüllen:

1. Formale Einheit, logische Verbundenheit.
2. Widerspruchsfreiheit, das heißt Konsistenz.
3. Brauchbar- bzw. Umsetzbarkeit für konkrete Forschungsvorhaben.

Das bedeutet, dass eine logische Struktur der Argumente nicht nur zum Ausdruck, sondern auch zur Anwendung kommen muss. Die Aussagen sind zu begründen, die Schlussfolgerung hat sich aus den eingeführten Prämissen nach den wissenschaftlichen Schlussverfahren zu ergeben. Bei der Argumentationslogik wird oft genug »gesündigt«, gewöhnlich aus Nichtwissen heraus, da die Dialektik nicht mehr wie früher Teil des Ausbildungscurriculums ist.[10] Doch ohne sie steht oft genug die Wissenschaftlichkeit in Zweifel.[11]

Die zentralen Punkte der Theorie müssen definiert, argumentiert, in sich logisch sein, um sie anzuwenden. Dabei erweist sich die Brauchbarkeit. Die Praxis stellt den Prüfstein dar. Wenn sich noch Modifikationen zur Verbesserung der Theorie ergeben, zählt das schon zu deren Leistungen. So entsteht wissenschaftlicher Fortschritt.

Problematisch erscheinen hohe, meist dunkle Theoriegebäude, die ihrerseits erst einmal erklärt werden müssen. Häufig erfordern sie ein derartiges Ausmaß an Exegese, dass alle Diskussionen sich nur darum drehen. Das führt häufig mehr zur »Clan-Bildung« und »Proselyten-Macherei« (Anhänger-Gewinnung), stellt auch eine Form des »impression-management« dar, des Versuchs, seinen »Diskurs« als den »herrschenden« zu etablieren. Dem zu widersprechen fällt nicht leicht, auch wenn derartige Aus- und Aufführungen oft wie des »Königs neue Kleider« anmuten. Den Prüfstein kann die praktische Verwendbarkeit solcher Theorien bilden, doch das unterbleibt der sichtlich unerlässlichen Interpretationsmühen wegen zu oft. Der Leser bleibt in labyrinthischen Gedankengängen gefangen.

Gesetze in der Geschichte

Die obige Definition von Theorie ist etwas verkürzt, denn im Unterschied zu anderen Wissenschaften, besonders den Naturwissenschaften, entfallen hier wesentliche Kriterien wie die Wiederholbarkeit der Experimente und die Vorhersagbarkeit von deren Ergebnissen. Als die Naturwissenschaften im 19. Jhd. ihren großen Aufschwung erlebten und die Geschichtswissenschaft als »Leitwissenschaft« für die Gesellschaft ablösten, wurde versucht, die alte Dominanz wieder zu erringen, hingen doch davon nicht nur Rang und Reputation, sondern auch die Mittel ab. So wurde immer wieder versucht, ganz analog, auch in der Geschichte »Gesetze« oder zumindest Gesetzmäßigkeiten zu entdecken und herauszuarbeiten. Doch alle gefundenen »Gesetze« blieben so allgemein, dass mit ihnen nicht zu arbeiten war.[12] Die Versuche einer solchen »nomothetischen«[13] Geschichtswissenschaft sind gescheitert. Die Geschichtswissenschaft ist auch so den Naturwissenschaften gegenüber nicht ins Hintertreffen geraten.

Das bedeutet in Konsequenz, dass die Regeln, denen eine wissenschaftliche Theorie zu genügen hat, für die Geschichtswissenschaft eher allgemein zu formulieren sind. Aussagen sollen formal-logisch korrekt sein und in sich keine Widersprüche enthalten (es können also nicht zugleich »Gott« und blinder Zufall hinter der Geschichte stehen). Die Theorien können keinen Anspruch auf absolute, universale Geltung erheben, müssen den Erkenntnissen nach offen für Falsifizierbarkeit sein, wie es Karl Popper (1902–1994) formulierte. Damit ist auch die dauernde Weiterentwicklung angesprochen. Denn diese Theorien haben gewöhnlich auch ein begrenztes Ziel und eine beschränkte Reichweite. Sie können weder an einer Empirie überprüft (die »Geschichte« ist vergangen), noch von einer übergeordneten Idee (»Freiheit«) oder hierarchischen Ordnung abgeleitet und beurteilt werden. In der konkreten Arbeit können sie ihre Tauglichkeit erweisen und Akzeptanz finden. Theorien existieren nebeneinander, rivalisieren miteinander, manche setzen sich für eine Zeit durch, kommen wieder ab, andere, vielleicht bessere, überhaupt nicht in die Diskussion. Eine universale Welterklärungs-Theorie scheint nicht möglich. Im Rückblick sehen wir darum einen steten Wechsel der »-ismen«. Die Paradigmen kommen auf – bald schon wieder ab – gehorchen Modezyklen. Das war schon immer so.

Geschichtstheorien im Profil

1

Die Antike – die wesentlichen Gedanken

Merksatz

Seit der Antike lassen sich drei Denkvorstellungen vom Ablauf der Geschichte erkennen:
- **Kreislauf, ewige Wiederkehr**
- **Anfang und Ende, linear vom Beginn zu einem Ziel (= griechisch: telos, d.h. »teleologische«) hinlaufend**
- **Chaos und Zufall.**

Die Vorstellung eines Kreislaufs orientierte sich sichtlich am Werden und Vergehen in der Natur, entsprechend nahmen diese »organologischen« Vorstellungen einen Aufstieg, »Blüte«, »Verfall«, Untergang, »Tod« von Reichen, Monarchien etc. an. Das Alte stirbt, Neues beginnt. In der Geschichte wirken die Gesetze der Natur. Bei solchen Darstellungen fehlen darum die entsprechenden Naturmetaphern nicht. Diese »zyklischen Theorien«, die bis ins 20. Jhd. immer wieder auftraten, sahen einen laufenden Wechsel aller Dinge. Alles wiederholt sich in ewigem Kreislauf von Wachsen und Absterben, wie in der Natur so auch in der Geschichte. In dieser Version gibt es kein Ziel, letztlich auch keinen Sinn; die Vergangenheit wies keinen auf, die Gegenwart stellt nur ein Durchgangsstadium dar, in der Zukunft ist keiner zu erwarten... Schon beim zyklischen Modell erschien die Frage, ob hinter all diesem Wechsel der Dinge, *immutatio rerum*, nicht doch noch etwas Unveränderliches, etwas wie »Ewige Wahrheit«, »Immer-Gutes« stünde und damit letztlich Stabilität oder Hoffnung. Daran schlossen sich Überlegungen an, was das sei und ob und wie dies zu erkennen sei, ob dieses »Höhere« von Anbeginn an existiere oder erst am Ende der Zeiten erscheine. Denn wenn vorhanden, müsse es sich in der Geschichte manifestieren. Solche »biomorphen« Anschauungen stehen auch hinter der gängigen Einteilung der Geschichtsepochen, wie etwa dem Ende der Antike 476 mit dem Ende des weströmischen Reiches, dem Ende des Mittelalters 1453 mit dem Untergang des oströmischen Reiches; den Revolutionen von 1789 – und 1989?

Zweifel und Verfall

Zweifel blieben angesichts der Realität, die eher in Richtung Verfallstheorie wies. Der Stoiker Poseidonios von Apameia (ca. 135–51 v. Chr.) vertrat die Idee einer glorreichen Zeit der Vergangenheit im Kontrast zum moralischen Niedergang der eigenen Epoche – das Muster einer historischen Deszendenztheorie. Nach dem »Goldenen Zeitalter« in fast mythischer Vorzeit erfolgt eine stetige, lineare Veränderung zum Negativen, bis hin zum tiefen moralisch-politischen Verfall in der eigenen Zeit. Auf dem Höhepunkt beginnt schon der Abstieg. Eine Versinnbildlichung stellt das »Rad der Fortuna« dar. Das Glück, personifiziert als Göttin, hebt empor, lässt aber etwa den König im Augenblick seines Triumphes straucheln. Der große antike Geschichtsschreiber Polybios (ca. 200–120 v. Chr.), der rational nach den Ursachen der Geschehnisse suchte, fand diese oftmals nicht, erklärte vieles in der Geschichte nur durch das Handeln der *tyche*, des Zufalls oder Schicksals.

Ein »klassisches«, überzeitliches Verfallsmuster finden wir oft, prononciert etwa bei Tacitus (ca. 55–ca. 120), der den Römern die Germanen in hellerem sittlichen Licht schilderte. Römische Historiker neigten zur negativen Sicht der eigenen Zeit und zur Idealisierung der Vergangenheit. Damit sollte eigentlich ein Ruf zur Umkehr ertönen. Mit neuer Moral galt es zu einem neuen »Goldenen Zeitalter« zu gelangen. Doch fragt sich, ob bei so viel Schwärze noch ein Lichtstreif am Horizont schimmern konnte.

Die Natur des Menschen und der Geschichte

Geschichte blieb sich nach antiker Auffassung im Grunde gleich, wie auch der Mensch. Dessen unveränderliche Natur sei nicht frei; Zufall und Zwang verhinderten, wie antike Autoren festhielten, autonomes Handeln. Das bedeutete einerseits eine gewisse Ausgeliefertheit an das »Schicksal«, die »Geschichte«; zum anderen mussten sich nach dieser Konzeption Situationen wiederholen. Dies ermöglichte ein Lernen aus der Geschichte und Handlungsanweisungen mittels Beispielen. So erhielt die Geschichte eine wesentliche Bedeutung: aus ihr konnten Aufschlüsse, Lehren für das Verhalten in Gegenwart und die Gestaltung der

Zukunft gewonnen und gezogen werden. Die Geschichte lieferte die Beispiele für das Leben und dessen Bewältigung. Damit wurde ihre erzieherische Bedeutung formuliert. Man könnte in diesem Zusammenhang auch von »therapeutischen« Geschichtsmodellen (Zerstörung und Wiederherstellung der Ordnung) sprechen.

Nutzen und Lehren

Polybios postulierte den konkreten »pragmatischen« (d.h. politisch-militärischen) Nutzen der Geschichtsschreibung. Dafür grundlegend sei eine wahrheitsgetreue Darstellung. Diese Anschauung wurde im Humanismus des 15. und 16. Jhd. wieder aufgegriffen; der praktische Nutzen der Geschichte wurde erneut betont.[14] Die Lehren aus der Geschichte trügen dazu bei, praktische Klugheit (*prudentia*) und politische Handlungsfähigkeit zu erwerben: die beste Vorbereitung für das Leben in der Politik, der höfischen Gesellschaft und der Welt. Das hieß aber auch, dass die Geschichte entsprechend aufbereitet, instrumentalisiert werden konnte. Es galt festzulegen, welche Taten »exemplarisch« für das Gemeinwesen anzusehen und in den Überlieferungs- und Tradierungskanon aufzunehmen waren. Diese Beispielsammlungen mit den Taten »Großer Männer« und auch einiger heroischer Frauen – die sich aber eher für Ehre, »weibliche Tugenden« etc. »aufopferten« – bildeten wiederum den Stoff für Geschichten, für Mythen, für die Selbstvergewisserung einer Gesellschaft. Gerade in der Ausbildung von Rhetorik lässt sich sehen, wie etwa in den Argumentationsübungen rühmliche oder auch schimpfliche Beispiele (Lob der Helena) benutzt wurden. Auch die Libretti der Opern (diese musikalische Gattung entstand um 1600) griffen immer wieder derartige Stoffe auf.

Das Lernen aus der Geschichte, »historia magistra vitae«, hat sich in diesem Sinne aus heutiger Sicht erledigt: im Grunde gleicht keine historische Situation einer anderen; es sei denn sie wurde »passend« interpretiert und geschrieben: Dann fungieren Historiker als Ideologen. Politiker greifen das auf.[15]

Ziel und Ende

Das »Spiral«-Modell nimmt eine Höher-Entwicklung aus dem Kreislauf heraus an und nähert sich somit dem linearen Modell. Dieses kennt einen Anfang: barbarische oder paradiesische Zustände, eine »rohe« oder »natürliche« Urgesellschaft. Von diesem Stadium aus vollzieht sich eine Entwicklung hin zu einem Ziel, einem Ende der Geschichte. Gewöhnlich findet sich das als Höherentwicklung vorgestellt, als »Fortschritt«, etwa der Erkenntnis, im 18. Jhd. auch der »Freiheit«. Es kann aber auch um die Wiedererlangung eines durch menschliche Schuld verlorenen »Paradieses« gehen. Doch damit ist eine Linie imaginiert. Dieser Prozess muss aber nicht unbedingt geradlinig ablaufen, es kann »Sprünge« geben, »Rückschritte«, doch am Ende wird das Ziel erreicht. Letzteres stellt sich oft als Wiederkehr oder verbesserter Ausgangspunkt dar, so im Christentum, bei Rousseau, auch beim Marxismus als »Paradies der Werktätigen«. Den Unterschied zum ersten Modell markiert ein definitives Ende der Geschichte, eingetreten mit der Erreichung ihres Ziels. Dies bewirkt gewöhnlich eine bewegende Kraft, für lange Zeit personalisiert als »Höhere Macht«, zunächst Götter, Gott, schließlich der »Weltgeist« (Hegel). Später galten »Ideen« und dann der Mensch als die Kräfte, welche die Geschichte in Gang hielten. Der historische Prozess schritt »unaufhaltsam«, in seinen Etappen »objektiv notwendig«, voran. Das bedeutet zugleich, dass in der Geschichte nichts vergeblich geschehe, alles Sinn und Ziel habe, wenn dies den Menschen auch verborgen bliebe. Doch am Ende der »Geschichte« musste die Einsicht kommen.

Individuum und Intention

Dabei sind wieder Unterschiede zu erkennen, je nach der Stellung der Menschen, besonders von Individuen in der Geschichte. In den älteren Auffassungen dienten Intentionen, Handlungen und Taten von Menschen, selbst wenn sie diesen als »frei« erschienen, nur als Instrumente und Mittel in höherer Absicht. Der Weltgeist bediente sich, frei in der Wahl seiner Mittel, der Individuen als »Agenten«, um zu seinem Ziele zu gelangen. In der materialistischen Auffassung sind es dann die Menschen selbst, die den Geschichtsprozess durch ihre Arbeit gestalten.

Damit ist aber wiederum eine Frage angesprochen: Erkennen die Menschen den Plan, den Zweck der Geschichte oder nicht? Daraus lässt sich ableiten, ob die Menschen aktiv an der Gestaltung der Geschichte arbeiten können und sollten. Bei der mittelalterlichen Geschichtsauffassung ließ sich für die Menschen das Wirken Gottes in der Geschichte erkennen, doch nicht die Einzelheit. Dies gilt im Grunde auch für antike, etwa die stoischen Auffassungen von Geschichte. Bei Hegel dagegen war den meisten Menschen das Wirken des Weltgeistes verborgen; sie wurden für den Endzweck »verbraucht«.

Chaos und Zufall

Die dritte Position – Chaos und Zufall – lässt sich als Nebeneinander und Beliebigkeit, Sinnlosigkeit umreißen. Hier bildete das Erkenntnisproblem den Ausgangspunkt. Der Skeptiker Pyrrhon von Elis (360–270 v. Chr.) behauptete, eine Erkenntnis könne nicht verlässlicher sein als die Quelle, aus der sie geschöpft werde. Die für die Erkenntnis der Wirklichkeit notwendigen menschlichen Sinneswahrnehmungen seien trügerisch. Beobachtungen täuschten, der Verstand sei nicht verlässlich, die Erkenntnis verzerrt. Nach ihm ist der Pyrrhonismus benannt, eine Spielart des wissenschaftlichen Skeptizismus, der die Möglichkeit historischer Erkenntnis überhaupt in Frage stellt. Auch die Sophisten übten Zweifel. Gorgias (483–357 v. Chr.) verkündete, dass es keine Wahrheit gäbe. So vorhanden, könne man sie nicht erkennen und könne man sie erkennen, sei sie nicht mitteilbar. Protagoras (ca. 481–411 v. Chr.) sagte, alles sei relativ, subjektiv, je nach dem Dafürhalten des Einzelnen: »Wie etwas mir erscheint, ist es für mich, wie dir, ist es für dich«.

Das mündete in einen allgemeinen Relativismus: »Von Natur«, d.h. ewig, sei nichts, nichts ewig gültig, alles sei nur durch menschliche »Satzung« und Übereinkunft geschaffen, so die Regeln des Rechts, der Sittlichkeit oder die Religion. Letztlich sei das alles Zufall, Chaos, Sinnlosigkeit. Eine universale Gesetzmäßigkeit, Sinngebung und praktische Orientierung entfielen damit wie auch eine strukturierte Gesamterzählung.

Der Sinn der Geschichte

Damit ist aber auch der »Sinn« von Geschichte verabschiedet. Dieser resultiert erst aus der Konstruktion eines Gesamtzusammenhangs als dessen Ergebnis er aufscheint. Ein solcher wiederum ergibt sich freilich erst durch den Blick zurück. Vom Heute her und mit dem entsprechenden Wissen um die Ergebnisse vergangenen Tun und Handelns werden durch die Wissenschaftler Ereignisse der Vergangenheit ausgewählt, in Verbindung mit- und zueinander gebracht. Die einzelnen Glieder einer allerdings eigens, individuell geschmiedeten Kette fügen sich so scheinbar zweckmäßig, notwendig ineinander, ziehen durch die Geschichte bis heute. Das stellt freilich nur ein Konstrukt des Historiographen dar, der auswählt, zusammenfügt, interpretiert, darstellt.

Der Zufall trägt »blind« zum Ergebnis bei, erfüllt so einen »höheren« Zweck. Er muss ausgeschlossen werden, wenn hinter der Geschichte eine »höhere« Absicht stehen soll. Diese vollziehe sich, heißt es, für die jeweiligen Zeitgenossen noch nicht erkennbar und komme ihnen somit als »Zufall« vor. Das ergibt einen immanenten Widerspruch. Wenn jemand ein derartiges »Höherer-Zweck-Modell« postuliert, beansprucht er für sich diese »absolute« Erkenntnis und steht damit quasi am »Ende« der Geschichte, mit (schon fast) gottgleichem Wissen (vgl. Hegel).

Halten wir aber die Geschichte für noch offen, nicht abgeschlossen ist, fehlt tiefere, »absolute« Erkenntnismöglichkeit, wobei den Menschen letztere ohnehin verschlossen bliebe. Erst vom »Ende der Geschichte« her, mit universalem Wissen gesehen, würde überhaupt ein derartiges übergreifendes, bedeutungsgebendes Erkennen möglich. Dieses Ende liegt noch in der Zukunft, bis dahin scheint alles relativ und falsifizierbar; viele unserer Meinungen könn(t)en sich, sozusagen *sub specie aeternitatis* (unter dem Gesichtspunkt der Ewigkeit), als falsch herausstellen. Das allerdings bedeutet für die Frage nach dem Ziel der Geschichte, dass sie sich erst nach deren Ende, quasi an einem »Jüngsten Tage« erkennen und beantworten lassen könnte. Damit aber gelangen wir in die religiösen, außerwissenschaftlichen Geschichtserklärungen.

Heteronomie und Autonomie

Wie wir gesehen haben, verschränkt sich die Frage nach dem Verlauf der Geschichte mit der ihrer Erkenntnis. Dies wird sich auch in den Epochen nach der Antike zeigen. Der Deutlichkeit halber seien hier nochmals die unterschiedlichen Auffassungen herausgestellt. In der Praxis des historischen Denkens treten diese Vorstellungen allerdings oft auch vermischt auf.

Definition

- **Die heteronome Geschichtsauffassung sieht fremde, höhere Wirkkräfte am Werk. Dies können unpersönliche wie die Natur, oder personalisierte wie Götter oder Weltgeister sein.**
- **Die autonome Geschichtsauffassung sieht die Menschen als Gestalter der Geschichte. Dies können Individuen oder Gruppen, wie das Proletariat, sein.**

Transfer ins Mittelalter

Das Wissen der Antike ging im Mittelalter nicht verloren; vor allem die römischen Geschichtsschreiber galten weiterhin als Vorbilder. Isidor, Bischof von Sevilla (560–636), speicherte in seinen *Etymologiae*, einer Art von Lexikon, das Bildungswissen seiner Zeit. Er unterschied Erzählungen vergangener Ereignisse zum Nutzen der Gegenwart von fiktiven unterhaltsamen Fabeln. Den großen Unterschied bewirkte jedoch das christliche Weltbild. Die Vorstellung einer zyklischen Wiederkehr wurde aufgebrochen und zu einer Linie gedehnt, die von der Erschaffung der Welt bis zu deren Ende im Jüngsten Gericht reichte. Gott hatte sich in der Geschichte offenbart, deswegen kam ihr selbst eine gewisse Autorität zu. In und durch die Geschichte gab er Zeichen, die es zu erkennen und zu interpretieren galt. Nach mittelalterlicher Geschichtsauffassung verwies das sichtbare Geschehen zugleich auf die ewigen und himmlischen Dinge. Über den historischen Ereignissen entfaltete sich das unsichtbare Göttliche. Die mittelalterliche Geschichtsauffassung basierte auf des Denken des Kirchenvaters Aurelius Augustinus (354–430) und seinem Werk *Über die christliche Unterweisung* (*De doctrina christiana*, 397–426). Die »Geschichte« bildete bei Augustinus die Basis der Gotteserkenntnis. Man muss diese Welt nutzen, nicht benutzen, um durch das sichtbare Geschehen auf dem Weg der Einsicht das unsichtbare Göttliche zu erkennen. So seien über die körperlichen, zeitlichen auch die ewigen und himmlischen Dinge zu begreifen (*De Doctrina Christiana*, XXII.). Die Idee einer Heilsgeschichte, einer *historia salutis*, von Gott begonnen und zu Ende geführt, wurde zur leitenden Vorstellung des mittelalterlichen Geschichtsverständnisses. Die Geschichte diente damit auch zur Rechtfertigung (Theodizee), angesichts der oft so bitteren Geschehnisse und Unglücksfälle auf Erden. Diese Vorkommnisse innerhalb des Geschichtsplanes konnten so als letztlich sinnvoll gedeutet werden, etwa um die Bewährung der Menschen, besonders der Gerechten zu ermöglichen. Gerade deren Leid, wie das der Übrigen auch, ließ sich theologisch rechtfertigen. Das christlich geprägte Geschichtsbild mit der Annahme Gottes, der hinter der Geschichte stehe, fand mit Augustinus den ersten Höhepunkt und mit Immanuel Kant (→ S. 27f.) eigentlich das Ende.[16]

2

Aufklärung: Die Meta-Erzählung von Emanzipation und Fortschritt

Die antiken Auffassungen hielten sich über das Mittelalter hinaus und standen auch bei der Begründung einer eigenen historischen Wissenschaft im 18. Jhd. noch Pate. Ein intensives Nachdenken über Geschichte verband sich mit der Methodisierung und Theoretisierung der Forschung, das zu einer reflexiven Geschichtsphilosophie führte. In einem allmählichen Ablöseprozess von den antiken Anschauungen und deren Wiederbelebung in der Renaissance wurde die Bedeutung des historischen Denkens für die gegenwärtige Gesellschaft erörtert. Diese befand sich nach vielfacher Meinung in einer Krise. Als Schlagwort kann etwa die Aufforderung Rousseaus zu einer »Rückkehr« von der verfremdeten höfischen zur wahren Menschen-Natur erwähnt werden. Damit sollte die Geschichtswissenschaft durch den Blick zurück und auf die eigene Gesellschaft zur Orientierung in der Gegenwart und zu Lösungsansätzen für die Krise beitragen. Hiermit verbunden war die Frage nach der Wahrheit von Erkenntnis und der Darstellung, was wiederum zu methodischen wie theoretischen Diskussionen führte. Im Hintergrund ist die Herausbildung der bürgerlichen Gesellschaft zu sehen, deren bildungsbeflissene Söhne inzwischen zahlreiche Lehrstühle an den Universitäten besetzten. In einer Art von dialektischem Prozess wurde die Vorbildwirkung der Antike überwunden. Giambattista Vico (1668–1744) betonte zu Beginn des Jahrhunderts in seinem Werk *Die neue Wissenschaft* (*Principi di una scienza nuova*, 1725) den Methodenunterschied zu den Naturwissenschaften. Geschichte bestehe aus bewussten Handlungen und Entschlüssen der Individuen, die sich nur vom historischen Standpunkt aus begreifen ließen. Jede historische Epoche habe ihren Platz in den wiederkehrenden Zyklen, aus denen die nach oben führende Spirale der Geschichte bestehe. Darum – das wird eine der Konsequenzen sein – ist jede Epoche für sich zu sehen und zu beurteilen.

Erkenntnis der Subjektivität

Johann Martin Chladenius (1710–1759) stellte in seinem Werk *Allgemeine Geschichtswissenschaft* von 1752 – wieder einmal im Rückgriff auf antike Positionen – das Vorhandensein unterschiedlicher »Sehepunkte«, also subjektiver Standpunkte, fest. Historische Erkenntnis wird von und durch diesen Blickpunkt des Betrachters gestaltet. Das bedeutete eine wesentliche Erschütterung des Objektivitätspostulats, zeigt aber auch, wie das historische Denken damals allmählich mit der Suche nach Regelsystemen verwissenschaftlicht wurde. Johann Christoph Gatterer (1727–1799) versuchte in Göttingen anhand römischer Geschichtsschreiber eine pragmatische, nationale Geschichtsschreibung zu begründen, die im deutschen Sprachraum nach zeitgenössischer Meinung im Unterschied zu Frankreich und England fehlte. Er schlüpfte selbst in die Rolle eines Livius, um von diesem »Sehepunkt« aus seine Gesellschaft zu durchleuchten.

Reflexion und Skepsis

Das 18. Jahrhundert durchziehen zwei historiographische Hauptbestrebungen: die Schaffung einer eigenen Methode und die Reflexion über die Geschichte der Menschheit insgesamt. Je mehr freilich die Professionalisierung der historischen Wissenschaften voranschritt, desto mehr wuchs die Skepsis bei denen, die dieses Geschäft betrieben. Der früher behauptete Wahrheitsgehalt von Augenzeugen und Quellentexten geriet zunehmend in Zweifel. (Er war es schon im »konfessionellen Zeitalter« des 16. Jhd. mit seinen blutigen Konflikten um den rechten Glauben.) Auch die Möglichkeit, zu einer methodisch gesicherten Wahrheit und hinreichend überprüfbaren Darstellung derselben zu gelangen, schien zu schwinden. Wieder spielte die Nähe der Geschichtsschreibung zur Literatur, insbesondere zum Roman, bei diesen Debatten eine Rolle. Der Roman war im 18. Jahrhundert ein aufblühendes Genre, das etwa mit *Pamela* (1740) und *Clarissa* (1748) von Samuel Richardson (1689–1761) Triumphe feierte und sich gerade in England und bald auch auf dem Kontinent in größtem Ausmaß historischer Stoffe und Motive bediente. Die Schnittmenge, aber auch die Verwerfungszone lagen bei der Darstellung selbst: Der Roman rekurrierte wie die Geschichtsschreibung auf rhetorisch fundierten Prinzipien. Nun war die Rhetorik im 18. Jhd stark in die Kritik geraten. Ihr Regelsystem galt insbesondere den Genies der

Empfindsamkeit und des »Sturm und Drang« im letzten Drittel des Jahrhunderts als zu mechanisch und ausdruckslos, wenn nicht gar als unmoralisch, weil sie durch ihre Stilmittel das Publikum blende und zu falschen Schlüssen verleite. Eine Lösung lag darin, die rhetorische zugunsten einer »gelehrten« Geschichtsdarstellung aufzugeben – was unzweifelhaft die Zahl der staubtrockenen akademischen Abhandlungen erhöht haben dürfte.

Die Frage nach der besten Darstellungsweise blieb damit erhalten wie auch die nach der Weise, wie die historischen Ereignisse miteinander verbunden werden konnten, etwa chronologisch oder kausal. Auch die Bedeutung des historischen Wissens für die Gegenwart wurde erörtert, so etwa der Zwiespalt zwischen Wahrheit und Wahrscheinlichkeitswissen.

Lernen aus der Geschichte

Für die Denker der Aufklärung lag hinter der Menschheit ein langer, dunkler Geschichtsprozess, dessen Stadien durch zunehmendes Wissen über die Vergangenheit immer besser nachvollzogen werden konnten. Das Geschehen wurde unter dem Aspekt, wo und wie sich Vernunft und damit Freiheit entwickelten, betrachtet und beschrieben. Das begann bei den Griechen mit ihrer Demokratie, ging über die Römer, die finsteren Zeiten des Mittelalters bis zu den erleuchteteren der Gegenwart. Dieser Gedanke prägte die Historiographie der Zeit. Die Vernunft gestaltet die Geschichte und diese wiederum die Vernunft – ein dialektischer Prozess. Geschichte erhielt so eine Gesetzmäßigkeit und eigentlich nur so ihre Verständlichkeit. Ein historisches Bewusstsein bildete sich allmählich aus. Doch dieses war noch nicht umfassend und vollkommen. Nach damaliger Meinung konnte es erst mit der Vernunft selbst völlig zu sich kommen. Das war freilich zunächst nur als ein Prozess des Bewusstseins gedacht, der darin mündete, in Freiheit denken und schreiben zu können. Doch im Zuge der gesellschaftlichen Veränderungen des 18. Jhds. gewann diese Forderung auch politische Implikationen. Die Vernunft musste praktisch, tätig, wirksam – revolutionär – werden. Freiheit konnte auch die von Standesschranken, von politischen Restriktionen bedeuten.

Wenn die Vernunft erst einmal zu sich gekommen, frei sei, werde sie sich mit der Geschichte verbinden und mit ihr in eins fallen. Beide zusammengenommen bewirken erst die Verwirklichung des Menschen.

Um dahin zu gelangen, braucht dieser einen Begriff von seiner Vergangenheit und eine entsprechend dialektische Geschichtstheorie. Die Welt sei vernünftig geplant und geordnet, Individuen seien von Natur aus vernünftig. Doch dem Fortschritt und einer vernünftigen Weltordnung standen zu allen Zeiten äußere wie innere Hindernisse entgegen. Die Menschen mussten sich, wie Kant sagte, aus der »selbst verschuldeten Unmündigkeit« befreien, sich vom Gängelband der Autoritäten lösen, selbst zu denken beginnen, sich moralische Normen geben, »sittlich« werden.[17] Autonomie war nach Kant eine zugleich intellektuelle und moralische Eigenschaft. Staat, Kirche, Vorurteile und Konventionen behinderten diese »Selbstbefreiung durch das Wissen«, wie nicht zum wenigsten die eigene Bequemlichkeit.

Vernunft und Fortschritt

Im ausgehenden 18. Jhd. zeigte sich besonders durch die Französische Revolution (die zunächst in den Kreisen der Gebildeten vielfach begrüßt, dann ob der stattfindenden Gräuel zunehmend beargwöhnt wurde), dass die Vernunft solche unerfreulichen Realitäten nicht verhindern konnte. So trat der Zwiespalt der Erkenntnis auf, dass es zwar unbestreitbar einen Fortschritt in den Wissenschaften und technischen Künsten gab. Daraus war zunächst die Zuversicht, der »Fortschrittsoptimismus« des 18. Jahrhunderts erwachsen. Aufklärung und Humanität schritten voran, führten zur »Freiheit«. Doch erhob sich auch die Frage – und der Zweifel – ob der moralische mit dem wissenschaftlich-technischen Fortschritt Schritt halten könne und nicht dahinter zurückbliebe. Politik wie gesellschaftliches Leben schienen in der Krise, irrational geworden. Das Vernunftsubjekt Mensch und seine gesellschaftliche Realität entzweiten sich, fielen auseinander. Der Fortschritt der Zivilisation schien unaufhaltsam, der moralische aber zweifelhaft. Er sollte Schritt halten, sonst stand zu befürchten, dass der Fortschritt nicht nur die Vernunft guillotinieren würde. So blieb oft nur die Hoffnung, dass sich letztlich die Vernunft doch noch gegen Unwissenheit, Aberglauben und Intoleranz durchsetze, dass (mit Kant gesagt) die Vernunft »nicht so ohnmächtig sei, nie Realität zu werden«. Das wäre das immer noch nicht abgeschlossene Projekt der »Aufklärung«.

Bei Kant aber können wir übrigens von einem Endzweck der Geschichte nichts wissen. Wir können diesen Zweck nicht als Prinzip unseres Erkennens, sondern nur unseres Handelns postulieren. Die Fragen nach dem Sinn der Universalgeschichte liefern im Denken Kants nur einen historiographischen Forschungsrahmen. Doch eine relevante Antwort ist nicht zu erwarten.

Dialektisch stehen Fortschritt gegen Beharren, Vernunft gegen Irrationalität, Aufklärung gegen Obskurantismus, Technik gegen Moral. Diese Antagonismen zogen sich nach Meinung aufgeklärter Denker durch die Geschichte, ließen sich an und in ihr zeigen. Aber letztlich, trotz aller Zweifel und Widerstände, würden sich Vernunft und Freiheit schrittweise entwickeln und endlich durchsetzen. So konnte Geschichte als langes Ringen und langsamer Aufstieg des menschlichen Geistes zu immer größerer Klarheit, wissenschaftlichen Einsichten, Freiheiten geschildert werden. Vergangene Gesellschaften und Kulturen wurden je nach ausgebliebenem oder erreichtem Fortschritt beurteilt; das historische Material so angeordnet. Das war der »Leitfaden a priori«, wie ihn Kant in einer geschichtsphilosophischen Schrift von 1784 für eine Weltgeschichte verlangt hatte, mit allen Grundvoraussetzungen, Problemstellungen, Ergebnissen und Wirkungsinteressen, die sich daraus ableiten ließen.[18] Bei solch einer Betrachtungsweise gab es feste Beurteilungskriterien, mit denen die bislang erreichten Etappen festgestellt und bewertet wurden. Das bedeutete aber wiederum, dass der Stand- und Sehepunkt des sich für aufgeklärt haltenden Historikers nicht mehr allzu fern vom Endziel gelegen sein konnte. Man war durchaus stolz darauf, schon so weit vorangekommen zu sein.

Geschichte erzählen

Kant, aber auch seine Zeitgenossen haben die Geschichte von dieser Idee her gesehen und aus dem Gedanken ihrer Einheit heraus beschrieben. Das erleichterte die Komposition einer Geschichtserzählung. Die Fakten ließen sich nach dieser Leitidee auswählen, anordnen, zusammenfügen, Handlungen bewerten. Kant räumte der schöpferischen Erkenntnisleistung eines Geschichtsschreibers hohen Rang ein.

Dies griff Friedrich Schiller im ausgehenden 18. Jahrhundert auf. Eine Erzählung ergab sich für ihn nicht einfach aus dem Geschehenen selbst, dies muss auch produktiv rekonstruiert werden. Die Gestaltung des Stoffes liegt nicht schon im Geschehenen selbst, sondern erfolgt erst mittels der »Idee«, die ein »geschichtsphilosophischer Kopf« daraus gewinnt. Dieser ist dann in der Lage, solcherart »Universalgeschichte« zu schreiben. Sie wird zur Weltgeschichte der Menschheit, weil sie alle Geschichten zu einer einzigen Fortschritts- und Vollendungsgeschichte vereint. Die Versuche, dies zu bewerkstelligen, durchzogen diese Zeit und erbrachten umfangreiche Werke, doch keine große Zufriedenheit damit (z. B. August Ludwig von Schlözer: *Vorstellung seiner Universalgeschichte*, 1772).

Idealismus: Die Meta-Erzählung von der Teleologie des Geistes

Der Begriff »Idealismus« wurde im 18. Jahrhundert geschaffen. Gemeint ist, dass in dieser Weltsicht das Bewusstsein gegenüber der Materie in letzter Instanz als primär, bestimmend angesehen wird. Der Idealismus bezieht sich grundsätzlich auf unveränderliche, ewige Strukturen, auf unmittelbar einsichtige Aktionen und Prinzipien, auf ein Wesensallgemeines, das durch Vernunft, Einsicht und begriffliche Fassung klar und deutlich expliziert wird und in dem die Wahrheit aller abgeleiteten Aussagen begründet liegt. Absolut sicheres Wissen ist möglich. Wissenschaftliche Erkenntnis erfolgt aus Prinzipien oder Grundsätzen, sie hat das Allgemeine, nicht das in Wahrnehmung, Erfahrung und Geschichtskunde gegebene Einzelne und Vergängliche zum Gegenstand. Im frühen 19. Jhd. wird er auf einen Menschen bezogen, der von einem Vernunftideal erfüllt ist und sich von diesem leiten lässt. Für das Idealismus-Verständnis nach 1800 war Schillers Denken grundlegend.

Schiller im Zwiespalt

Schiller stand im Banne der zeitgenössischen Diskussionen über das Wesen der Geschichte, vielleicht besonders wegen seines Zwiespalts zwischen dem Amt als Professor der Geschichte in Jena und seiner freischaffenden Tätigkeit als Dichter von historischen Stoffen (etwa der Wallenstein-Trilogie, 1798/99). Er machte den klassischen Konflikt zwischen beiden Rollen und deren Anforderungen durch; schrieb historische Abhandlungen, etwa zur Geschichte der Niederlande (*Geschichte des Abfalls der Niederlande von der spanischen Regierung*, 1788), entschied sich letztlich aber doch gegen die gelehrte Historiographie, die er als sein Schaffen einengend empfand. In seiner Jenaer Antrittsvorlesung (*Was heißt und zu welchem Ende studiert man Universalgeschichte?*, 1789, gedruckt 1790) spiegelt sich das Gedankengut der Zeit und der historischen Zunft: Der Universalhistoriker »hebt aus der ganzen Summe der historischen Begebenheiten (...) diejenigen heraus, welche auf die heutige Gestalt der Welt und jetzt lebenden Generation einen wesentlichen, unwidersprechlichen und leicht zu verfolgenden Einfluss gehabt haben.«[19] Für Schiller liefert die Geschichte Denkanstösse und Handlungsimpulse. Sie »ist das ungeheure Arbeitsfeld des Menschengeschlechtes«. Wer Weltgeschichte aus diesem Blickwinkel sehe, der befreie sich von den »beschränkten Urteilen der Selbstsucht (…), der blickt über seine kurze Lebensspanne (...) hinaus«.[20] Ein gewisser Nutzen der Historie für das Leben war für Schiller einsichtig. Doch schließlich verzichtete er darauf, ein »Geschichtsschreiber« zu sein und damit auf »die strengste historische Genauigkeit«. Dies tat er zugunsten der »Einbildungskraft«, wenn er beim »Zuschauer (...) eine einzige große Aufwallung« bewirken könne, »dass womöglich der Funke überspringt«. Dazu komprimierte er, ganz in antiker Tradition »die geschichtlichen Tendenzen und Triebkräfte« in Einzelpersonen und deren – von ihm verfassten – Reden. In der Vor- und Nachrede zum *Fiesko* (1783) gibt er seine Überlegungen preis: »das unglükliche Projekt des Fiesko« sei »in der Geschichte merkwürdig«, könne aber seine dramatische »Wirkung auf dem Schauplaz«, dem Theater, verfehlen. Denn wenn »nur Empfindung Empfindung wekt«, so tut das dieser »politische Held« in der historischen Realität mit seiner »kalten, unfruchtbaren Staatsaktion« nicht. So musste der Autor versuchen, irgendwie an »das menschliche Herz wieder anzuknüpfen«. Dafür gestaltete er frei die Intrigen und Situationen – »das stand bei mir«. Da er aus der »bürgerlichen Welt« stamme, wies er wenig politisches Wissen auf: » (...) vielleicht ist eben diese politische Schwäche zu einer poetischen Tugend geworden«.[21]

Die Totalität der Geschichte

Schiller erarbeitete sich das historische Material, ging aber dann frei mit ihm um. Denn ungestaltet würde es seiner Meinung nach keine Wirkung auf der Bühne und für den Zuschauer entfalten – nur umgestaltet! Er sah angesichts des zeitgenössischen Diskussionsstands, dass die Universalgeschichte eine akademische Sache bleiben müsse. Die Totalität der Geschichte, das »historische Ganze«, war für ihn realiter nicht fassbar; es sei lediglich ein gedankliches Konstrukt. Versuche man, den historischen Prozess in seiner Gesamtheit zu fassen, ergäbe sich nur eine »blinde Aufeinanderfolge von Ursache und Wirkung«, aber keine Teleologie. Ziel und Zweck der Geschichte, das »teleologische Prinzip« nähmen »wir nur aus uns selbst«. Wir verpflanzen die eigene »Harmonie«

in die »Ordnung der Dinge«. Wir verschaffen uns dadurch eine »höhere Befriedigung« und motivieren uns zur Mitwirkung an der Verwirklichung der »vermeintlich höheren Zwecke« der Geschichte.[22] Der Sinn der Geschichte erwächst somit aus der Projektion subjektiver Haltungen auf das historische Material. Schiller hielt an den »höheren Zwecken«, der Idee der Freiheit fest, als der Voraussetzung, dass sie sich endlich in der Geschichte realisiere und der Mensch seine Naturanlagen zu Vernunft und Freiheit entfalte. Auch Schiller teilte das Ziel, dass die »Vernunft praktisch« werden sollte. Aber ihm war der selbst-illusionäre Charakter menschlicher Absichten und Zwecke bewusst. Schillers kurze Karriere als Historiker hat keine wesentlichen Spuren hinterlassen, aber er prägte die literarische, dramatische Geschichtsschreibung in Deutschland. An ihm lässt sich deutlich der Zwiespalt zwischen historiographischer und literarischer Darstellung erkennen.

4

Die Meta-Erzählungen der Moderne: Georg Wilhelm Friedrich Hegel und die »Weltseele zu Pferde«

Auch Georg Wilhelm Friedrich Hegel (1770–1831) deutete Geschichte als Freiheitsgeschichte. Auch er glaubte an eine zunehmende wissenschaftliche Erkenntnis, die Herrschaft über die Natur ermögliche, Handel und Wohlstand bewirke. Doch parallel erbringe die Zunahme der modernen Errungenschaften »für den Einzelnen auch mehr Unfreiheit«. Im Fortschritt der Selbsterkenntnis könne zugleich eine »Quelle des Verderbens« liegen. Der Mensch sei ein gesellschaftliches, kein »atomisiertes Wesen«, er könne »nur in der Kultur als Mensch sein«. Doch hier liegt ein Hemmnis im Streben nach Freiheit; er ist den Verhältnissen, »namenlos gewordener Autorität« ausgeliefert.

Das Wesen des Geistes

Die Geschichte hatte für Hegel ein erkennbares Ziel: »das Selbstbewusstsein des Geistes«, der »zu sich kommt«, verwirklicht durch Selbsterkenntnis des Menschen. Für Hegel war das Geistige allein das Wirkliche. Doch dieser »Geist« ist für uns heute schwer zu fassen und zu erklären. Sprache zum Beispiel ist Geist, aber auch Recht, Kunst, Religion und Wissenschaft. Geist ist also auch das, woran Menschen teilhaben oder teilhaben können, Selbsterkenntnis gewinnen. Der »Geist« will zu sich kommen, dies geschieht in historischer Höher-Entwicklung. Deren Stadien vollziehen sich in den »sittlichen Mächten oder Volksgeistern«, verkörpert in den historischen Gemeinschaften, den Staaten, bestimmten Menschen. Sie sind das »Material« der Weltgeschichte. Die Geschichte verläuft als Abfolge von Imperien, Reichen, Rechtsordnungen. Darin und dabei kommt es zu Widersprüchen, krisenhaften Zuständen – auch deswegen, weil die jeweiligen Reflexionen der Menschen über sich und die Natur irgendwann nicht mehr den bestehenden Verhältnissen adäquat sind. Die Gesellschaften müssen diese Widersprüche überwinden, eine neue Versöhnung bewirken. Die Entwicklung verläuft somit in der

Art eines dialektischen Stufenganges: Widerspruch und Versöhnung. Dabei bringen sich die Gesellschaften und der Weltgeist jeweils auf eine höhere Stufe der Entwicklung.

Die großen Individuen und die kleinen

Die Menschen der Vergangenheit verstanden laut Hegel nicht, dass sie mit ihren individuellen Handlungen diesem höheren Plan folgten und somit die Geschichte bewegten. Was ihnen zustieß, erfassten sie nur instinktiv als Trieb und Konflikt, »als große Leidenschaft«. Nur einige »welthistorische« Individuen sahen eher als andere, dass ihre Begriffe und Vorstellungen nicht mehr mit der äußeren Wirklichkeit übereinstimmten. Sie brachten die Entwicklung voran, wie Napoleon, die »Weltseele zu Pferde« (so Hegel 1806 an Niethammer). Doch wenn »der Zweck erreicht, so fallen sie, die leeren Hülsen des Kernes, ab. Sie sterben früh wie Alexander, sie werden wie Cäsar ermordet, wie Napoleon nach St. Helena transportiert«.[23] Sie haben sozusagen ihre Schuldigkeit getan, sind überflüssig geworden, verschwinden aus der Geschichte.

In dieser idealistischen Geschichtsphilosophie steht der »Geist« innerhalb einer göttlichen Ordnung, von der alle Elemente der Wirklichkeit abhängen. Damit sind zugleich Anfang wie apokalyptisches Ende, Endziel und -zweck der Geschichte gegeben. Dahinter steht ein verborgener Plan, dem die Menschen zur Erfüllung verhelfen, die meisten unbewusst, gleichsam marionettenhaft; andere, wie Napoleon als agierende Figuren. Doch die »Weltgeschichte ist nicht der Boden des Glücks. Die Perioden des Glücks sind leere Blätter (...)«.[24] Die Individuen zählen nichts, sie werden für die höheren Zwecke verbraucht. Die ganze Subjektivität der menschlichen Leidenschaften dient in ihrem Ergebnis als Mittel zur Erreichung dieses Endzieles. Das ist die berühmte »List der Vernunft«.[25] Die Menschen werden unbewusst zu deren »Agenten«, helfen mit, den »Weltgeist« zum Bewusstsein seiner selbst kommen zu lassen.

Hegel interpretierte Geschichte als Prozess fortwährender Rationalisierung, in Übereinstimmung mit und nach dem Willen des Geistes. In der Geschichte zeigt sich, wie die Vernunft sich nach und nach die Welt der Dinge unterwirft und am Ende eins mit ihr wird.[26] Dann gelangt der Geist zum Wissen dessen, was er wahrhaft ist: Er macht dieses Wissen gegenständlich, verwirklicht es zu einer vorhandenen Welt, bringt sich als objektiv hervor. Dieses Werden ist als Übereinstimmung von Vernunft und Wirklichkeit zu begreifen. Indem sich der Geist selbst verwirklicht, erscheint die Freiheit als Endzweck. Der Geist hat dabei zugleich allen Anschein der Fremdbestimmung und Unfreiheit überwunden und ist zum Bewusstsein seiner reinen Selbstbestimmung gekommen. »Die Weltgeschichte ist der Fortschritt im Bewußtsein der Freiheit – ein Fortschritt, den wir in seiner Notwendigkeit zu erkennen haben«.[27] Hegel vertritt den Anspruch strengster Wissenschaftlichkeit, die Geschichte haben wir zu nehmen wie sie ist: wir haben historisch, empirisch zu verfahren. Hegel setzt als Voraussetzung das Postulat, dass es in der Weltgeschichte vernünftig zugegangen ist.

Der Weg der Befreiung

Indem der Mensch erkennt, dass er selbst Produzent des »Gehäuses der Unfreiheit« war, wird er frei, da keine außermenschliche Macht ihm diese Beschränkung auferlegt. Freiheit ist die Einsicht in die Notwendigkeit. Am Ende jenes Entwicklungsprozesses erkennen die Menschen, dass sie mit dem Allgemeinen verbunden sind, dass der Geist durch sie hindurch spricht. In dieser Erkenntnis sind sie ganz bei sich, sie sind frei. Nach Hegel erreicht die Geschichte ihren Höhepunkt in einem rationalen Staat, dieser muss aber Wirklichkeit sein, ehe er verstanden werden kann.

Wenn aber Hegel beanspruchte, den Gesamtplan der Geschichte erkannt, verstanden zu haben, dann muss zu seiner Zeit »der Geist zum Wissen dessen, was er wahrhaft ist« gekommen sein, die Geschichte eigentlich ihr Ende erreicht haben (das Posthistoire *avant la lettre*), verwirklicht im preußischen Staat. Sonst wäre diese Einsicht nicht möglich geworden, die dann selbst wiederum zum Zeichen der bevorstehenden Vollendung wird. Die Geschichte hatte damit ihren Lauf vollzogen. Ihre einzelnen Stadien ließen sich wieder vom Jetzt aus beurteilen. Das Kriterium bildete das Fortschreiten des »Geistes« auf dem Weg zu sich in den vergangenen Epochen. Damit aber wird die Struktur der Geschichtsdarstellungen beibehalten, welche die vergangenen bis zur gegenwärtigen Epoche nach diesen Kategorien durchlaufen und beurteilen. Staaten und »großen Männern« kommt dabei besonderes Gewicht zu.

Kritiken

Hegel wurde intensiv studiert, er fand eine große Anhängerschaft, aber auch Gegner. In der Kritik von Droysen, auf den noch eigens eingegangen wird, zeigen sich die Geschichtsauffassungen des 19. Jhd. wie in einem Spiegel. Droysen meinte, Hegel entwickelte das Denken »zugleich als den dem Menschen innewohnenden göttlichen Funken in seinen Konsequenzen (...); zunächst in der Gesamtheit seiner logischen Bestimmungen«, dann »als die Idee (...), die sich durch ihre eigenste Bestimmung als Natur und deren Gesetz entfaltet; als deren Höchstes wieder erscheint die rückkehrende, die persönlich konzentrierte Vernunft: der Mensch, und in des Menschengeistes Entwicklungen ergeben sich die großen Gedanken der Kunst, des Rechtes, des Staates, der Religion, Gottes«. Damit ist zugleich wieder eine Interpretation dieses »Geistes« gegeben. Eine »erhabenere Auffassung menschlicher Geistigkeit und Entwicklung« ließe sich nicht sehen, doch diese sei nur ein »Irrtum«, verfolge ein falsches Ziel. Das Hegelsche »Absolute« sei »nicht Gott«, sondern etwas Heidnisches, das als »das Höchste: menschliche Erkenntnis und Ahndung als Gottheit gestaltet, angebetet wird«. Der Position Hegels wird also ein christlicher Gott entgegengesetzt, der somit für Droysen hinter der Geschichte steht. »Der Boden aller menschlichen Erkenntnis ist empirisch (...). Der empirischen Erkenntnis gegenüber steht nicht die Spekulation, sondern die absolute Erkenntnis, die unmittelbare, die nur Gottes ist. So mag denn die Philosophie die Empirie geistiger Tätigkeit beobachten, den Zusammenhang natürlicher und geistiger Gesetze, Bedingungen und Folgen erkennen, ja den Zweck und das Ziel zu fixieren verstehen, aber das Gesetz der Gesetze bleibt ihr verschlossen«.[28] Doch dann den göttlichen Plan der Geschichte zu erkennen, daran scheiterte nicht nur Droysen!

Hegel und der Staat

Hegel wurde auch vorgeworfen, er habe zur Vergottung des preußischen Staates beigetragen und mittelbar zu allen daraus erwachsenen Folgen, wie etwa dem Militarismus. Dies dürfte aber stärker den späteren Interpreten von Hegel zu schulden sein, die den komplizierten Denk-schatz des Meisters in kleinerer Münze, also vereinfacht unters Volk brachten. Das führte zu einer wesentlichen Folgewirkung dieser Philosophie: der Hochschätzung des Staates, der damit weit bis ins 20. Jhd. zum bevorzugten Gegenstand historischer Forschung wurde – mit allen politischen Auswirkungen.

Mit Hegel war eigentlich schon die Denkrichtung eines immanenten Entwicklungsgesetzes in der Geschichte zum Höhepunkt – und zum

Ende gekommen. Merkwürdigerweise schien als Verbindung von Hegellektüre und den Ereignissen von 1989 die lineare Geschichtsauffassung durch Francis Fukuyama eine Wiederauferstehung zu erfahren (*Das Ende der Geschichte*, 1992). Bei ihm schien es, als ob der Weltgeist nach dem Ende des Sozialismus in der liberalen Demokratie zu sich selbst gekommen sei und die Geschichte damit zum Ende. Damit war Marx widerlegt, die Vergesellschaftung der Produktivkräfte hatte sich als Irrtum erwiesen. Mit dem Ende der »Sozialismen« um 1989 galt vielen auch der Marxismus erledigt. Aber quasi als »List der Vernunft« ergab sich, dass zwar die Dichotomie der beiden Weltordnungen weggefallen war, aber das übrig bleibende demokratische Modell nunmehr allein für alles Übel in der Welt, wie Globalisierung etc., verantwortlich gemacht wurde. Der Kapitalismus in seinen Krisen braucht nun seine »Theodizee«!

5

Karl Marx, Friedrich Engels und der dialektische Materialismus

Auch wenn Marx und Engels explizit eine materialistische Geschichtsauffassung vertraten, liegt auch bei ihnen eine idealistische Idee zugrunde: dass sich am Ende der Geschichte die Freiheit durchsetze. Damit ist ein Ziel markiert, damit handelt es sich abermals um eine teleologische Auffassung, die von einer Art paradiesischer Urgesellschaft über mehrere Stadien (Sklavenhaltergesellschaft, Feudalismus, Bürgerliche Gesellschaft) zur klassenlosen End-Gesellschaft gelangt.

Marx wie Engels verstanden sich als Geschichtsphilosophen, die das erkenntnistheoretische Modell Hegels »vom Kopf auf die Füße stellen« wollten. Hegel habe die »Phrasen über die bestehende Welt, nicht aber die bestehende Welt« selbst kritisiert. Ihnen ging es darum, »wie die Kritik oder Theorie praktisch« werden kann. Dafür wollten sie die Gesetzmäßigkeit der Entwicklung hin zum Kapitalismus theoretisch erfassen, d.h. deren Gesetze finden. Aus dieser Erkenntnis, so meinten sie, ließe sich dann auf den Geschichtsprozess einwirken.[29]

In dieser Anschauung bringt nicht der Weltgeist die Geschichte voran, auch nicht der Zufall oder die Tat eines großen Mannes, sondern die Arbeit der Menschen: die Geschichte ist »nichts anderes als die Tätigkeit des seine Zwecke verfolgenden Menschen«.[30]

Der Mensch in der Geschichte

Voraussetzung der Geschichte sind die materiellen, vorgefundenen wie auch die selbsterzeugten Lebensbedingungen der Menschen: körperliche Organisation und natürliche Umwelt. Geschichte kommt in Bewegung, wenn Menschen nachgefragte Produkte herstellen. Die Produktion über den Eigenverbrauch hinaus führt zur Teilung der Arbeit. Die Produktion innerhalb der kleinsten Einheit, der Familie, verschwindet mit der fortschreitenden Ausdifferenzierung der Arbeit und deren notwendiger Teilung. Daraus erwächst zudem der Gegensatz von Stadt und Land, geistiger und körperlicher Arbeit, der Klassen – mit der Unterdrückung einer durch eine andere. Diese arbeitsteilige Welt wird zur entfremdeten Welt, trennt den Produzenten von seinen Produkten; diese, wie die ganzen Produktionsverhältnisse treten ihm als fremde Macht gegenüber. Am Ende versteht sich der Mensch nicht mehr als Mensch. Er ist seiner Natur entfremdet, einer Unfreiheit ausgeliefert, die er selbst zu verantworten hat.[31]

Die Entwicklung der Geschichte

Auch hier tritt eine dialektische Entwicklung auf, bewegt durch Widersprüche: Die jeweilige Entwicklungsstufe der Produktivkräfte erfordert bestimmte Formen der Produktionsverhältnisse: des Eigentums, der Beziehungen unter den Menschen. Die Entwicklung der Produktivkräfte gerät in Widerspruch zu den Produktionsverhältnissen; die Erfindung der Dampfmaschine, der Eisenbahn erfordern neue Produktionsmethoden, die sich unter den jeweils gegebenen Verhältnissen nicht verwirklichen lassen. Die Produktivkräfte sprengen dann die alten Produktionsverhältnisse und revolutionieren damit aber zugleich die staatlichen Ordnungen, die solche Verhältnisse ausdrücken. Mit den fortschreitendenden Entwicklungsstufen wachsen die Ausbeutung, das Elend, die Empörung der ausgebeuteten Arbeiterklasse. Das Kapitalmonopol wird endlich zur Fessel der Produktionsweise. Die Zentralisation der Produktionsmittel und Vergesellschaftung der Arbeit erreichen einen Punkt, wo sie unverträglich werden mit der kapitalistischen Hülle. Wenn die Masse der Menschen nichts mehr besitzt als ihren eigenen Körper, wenn die Produktivkräfte einen solchen Entwicklungsgrad erreicht haben, folgen Revolution, dann die Diktatur des Proletariats. Die Stunde des kapitalistischen Privateigentums schlägt. »Die Expropriateurs werden expropriiert« – die Enteigner enteignet.[32]

Das partikulare Interesse des Proletariats fällt hierbei mit dem Interesse der gesamten Gesellschaft zusammen. Das Proletariat befreit sich selbst und damit zugleich die Menschheit. Es kommt zur Aufhebung des Privateigentums, zur Überführung der Produktionsmittel in gesellschaftliches Eigentum. Der notwendige Überfluss wird durch Maschinen erwirtschaftet, damit die Arbeitsteilung obsolet, die Aufhebung der Selbstentfremdung möglich. Freie, allseitig entfaltete Individuen vollbringen nur noch schöpferische Arbeit; der Kommunismus ist erreicht.

Basis und Überbau

Die Basis des historischen Denkens von Marx und Engels bildet der arbeitende Mensch in seinen gesellschaftlichen Verhältnissen. Auf dieser Grundlage der materiellen Umstände entsteht die geistige Produktion, mit der materiellen in ständiger Wechselwirkung: »Das Bewusstsein kann nie etwas anderes sein als das bewusste Sein, und das Sein der Menschen ist ihr wirklicher Lebensprozess«. Der geistige »Überbau« ist die Gesamtheit von Vorschriften, Verboten, Gesetzen, Institutionen, Urteilen und Vorurteilen. Diesem entsprechen die ökonomische Struktur der Gesellschaft, der Grad der Arbeitsteilung. Die »Gedanken der herrschenden Klasse sind in jeder Epoche die herrschenden Gedanken«, doch nicht die alleinigen, einzigen Gedanken – auch hier herrscht Kampf. Dabei kommt es darauf an, die »Ideologie« zu durchschauen; angefangen bei der Religionskritik (»Opium des Volkes«), doch es betrifft alle »herrschenden Anschauungen«. Auch hier muss in gewisser Weise à la Hegel das Bewusstsein zu sich selbst gekommen sein, um Freiheit zu bewirken.[33]

Marx und Engels waren herausragende Autoren, die es verstanden, die wesentlichen Punkte knapp zu fassen. So kann die folgende Passage als eine Anleitung für die historische Untersuchung verstanden werden: Es gilt, »den wirklichen Produktionsprozess und zwar von der materiellen Produktion des unmittelbaren Lebens ausgehend, zu entwickeln, und die mit dieser Produktionsweise zusammenhängende und ihr erzeugte Verkehrsform, also die bürgerliche Gesellschaft in ihren verschiedenen Stufen als Grundlage der ganzen Geschichte aufzufassen und sie sowohl in ihrer Aktion als Staat darzustellen, wie die sämtlichen verschiedenen theoretischen Erzeugnisse und Formen des Bewusstseins, Religion, Philosophie, Moral usw. aus ihr zu erklären und ihren Entstehungsprozess aus ihnen zu verfolgen, wo dann natürlich auch die Sache in ihrer Totalität (und darum auch die Wechselwirkung dieser verschiedenen Seiten aufeinander) dargestellt werden kann.«

Die Geschichte entwickelt sich über mehrere Stadien hinweg, es findet sich »in ihr auf jeder Stufe ein materielles Resultat, eine Summe von Produktivkräften, ein historisch geschaffenes Verhältnis zur Natur und der Individuen untereinander«. Jede historische Gesellschaft baut auf einer früheren auf, jede Generation übernimmt »von ihrer Vorgängerin« Überlieferungen, geistige wie materielle. Die »Masse von Produktivkräften, Kapitalien und Umständen« wird »zwar einerseits von der neuen Generation modifiziert«, (schreibt) ihr aber andererseits auch ihre eigenen Lebensbedingungen vor (...) und (gibt) ihr eine bestimmte Entwicklung, einen speziellen Charakter – daß also die Umstände ebenso sehr die Menschen, wie die Menschen die Umstände machen«.[34] Der Mensch steht also in der vorgefundenen Geschichte, diese lastet auf ihm, mit all ihren Überlieferungen. Doch sie schreitet gesetzmäßig voran – und dies ist erkennbar.

Geschichte ist wie bei Hegel ein Fortschreiten des Bewusstseins zur Freiheit. Der Mensch verlässt das Reich der Notwendigkeit, überwindet seine Selbstentfremdung, erreicht einen Zustand, in dem er durch nichts mehr beschränkt, ganz bei sich, frei ist. Der alleinige Zweck der Geschichte besteht darin, diese Freiheit im Menschen zu verwirklichen. Es galt, die verloren gegangene Freiheit des Individuums zurückzuerobern, knechtende Strukturen zu überwinden. Aufgabe der Geschichte war es letztlich, den »wahren« Menschen wiederherzustellen.

Kritik ohne Ende

Hier kann die Kritik ansetzen: Es herrscht ein statisches Menschenbild. Der Mensch ist und bleibt immer (noch, seit der Antike) gleich, den historischen Unterschied machten nur die Verhältnisse. Diese galt es zu ändern. Dafür brauchte es die Erkenntnisse der Bewegungsgesetze, die darwinistisch, gleichsam wie Naturgesetze (etwa der Hydraulik) abliefen: Umschlag von Quantität in Qualität – wenn die Entfremdung zu groß wurde, änderten sich die Gesellschaftsformen.

Merksatz

Die dialektischen Geschichtstheorien verbanden verschiedene Geschichtsmodelle und unterschiedliche Gedanken:
- **biomorphe: objektive Teleologie und Unabhängigkeit von subjektiven Absichten und Einsichten**
- **technomorphe: Veränderungen der Realverhältnisse setzen eine Veränderung des Bewusstseins voraus und bewirken diese, somit auch den »Fortschritt«**
- **therapeutische: fortschreitende Emanzipierung der Vernunft (Aufklärung) trotz Hemmnissen, um abstraktes »Denken« zu überwinden und »praktisch« zu werden.**[35]

Dabei erscheinen unterschiedliche Prinzipen, aus deren Natur sich der dialektische Gang der Geschichte ableiten lässt: Vernunft und Freiheit, Selbstvergewisserung des Geistes, Aufhebung der (Selbst-)Entfremdung des Menschen. Gemeinsam ist ihnen das Moment der Freiheit und der Vernunft: dass der Mensch am Ende zu sich selbst komme und frei sich entfalten könne. Das wurde dessen Einsichtsmöglichkeiten zugetraut, die in der jeweiligen Epoche so weit entfaltet waren, um dies leisten zu können.

Marx versuchte eine Gesellschaftsanalyse, um deren Bewegungsgesetze zu ergründen und anwenden zu können. Doch gerade die Einsichten, auf die er am stolzesten war, wie Verelendung, Verschärfung des Klassenkampfes, Revolution in den hochindustriellen Ländern, klassenlose Gesellschaft mit proletarischer Diktatur und freier Entwicklung des Individuums, trafen nicht zu und nicht ein. Die Revolution brach in Russland aus, wo es kaum ein Proletariat wie in England gab, und sie wurde durch Intellektuelle vorangetrieben.

Zudem ist diese Anschauung für eine gedankliche »Mechanisierung« anfällig; es verläuft dann alles determiniert. Von Marx und Engels zu Lenin, zu Stalin und deren Nachfolgern wandelte sich eine im Ansatz kritische Geschichtstheorie zu einer »objektivistischen Reduktion der Geschichte«, zu einer vulgarisierten Weltanschauung.

Der weiterreichende Einfluss auf die Geschichtsbetrachtung kann darin gesehen werden, dass der Blick von den staatlichen Mächten hingelenkt wurde auf den Menschen in seiner Alltagswelt und -arbeit, mit seinen Leiden und Nöten. Das ergab auch einen anderen Blick auf den »Überbau«, etwa Religion und Kultur, »abweichende Anschauungen« und deren Repression durch die »Macht«. Rezeption und Verbreitung erfolgten etwa über die Marxisten innerhalb der Schule der *Annales*, einer 1929 von Lucien Febvre und Marc Bloch gegründeten Gruppe, deren Forum eine gleichnamige Zeitschrift ist. Die Geschichte des Alltagslebens, der kleinen Leute geriet um 1970/80 in das Untersuchungsfeld; doch ging sie im Laufe der 1990er Jahre in der neuen Kulturgeschichte auf, die sich an der Ethnologie, den *colonial studies* und dem Poststrukturalismus orientiert. Es war in dieser Zeit zu heftigen Diskussionen mit Vertretern der Historischen Sozialwissenschaft (insbesondere Hans-Ulrich Wehler) gekommen, die ihrerseits auch den überkommenen Historismus ablehnten und Strukturen der historischen Wirklichkeit – die diesen als gegeben und erkennbar gilt – untersuchten. Es ging dabei um ein geändertes methodisches Vorgehen, weg von der Hermeneutik hin zur empirischen Sozialforschung. Dabei gerieten auch die »Deutschen

Historiker« ins Blickfeld. In gewisser Weise sind auch hier noch länger wirkende Strukturen zu erkennen. Das Nachleben des Historismus regte zur Auseinandersetzung an.

6 Der Historismus und die Hermeneutik des Sinns

Der Historismus entstand nach 1850. Der Terminus selbst erscheint im letzten Drittel des 19. Jhd.. Der Historismus ist im Zusammenhang mit der beschleunigten Modernisierung Deutschlands zu sehen, samt den ökonomischen Wachstumskrisen vor 1900, mit den Kriegen von 1870–71, von 1914–18 und den folgenden Erschütterungen und Veränderungen. Zudem traten damals die Geisteswissenschaften in Konkurrenz zu den Naturwissenschaften, die im 19. Jhd. einen gewaltigen Aufschwung erfahren hatten und erstere als Leitparadigma ablösten. Die Geisteswissenschaften hoben darum einen Wesensunterschied zwischen Natur- und Kulturphänomenen hervor, der ein eigenes differenziertes Methodenarsenal erfordere.

Der Begriff »Historismus« wird unterschiedlich gebraucht, doch hier steht er für eine bestimmte Auffassung von Geschichte, die sich gegen die idealistische abzugrenzen sucht. Als zentrale Aussagen lassen sich formulieren: Die Geschichte ist in erster Linie individualistisch, für sich, als jeweilige Epoche mit konkreten Menschen zu sehen. Die Grenzen der menschlichen Vernunft legen auch die für das Verständnis der historischen Ereignisse fest. Erkenntnis wie Realität sind historisch, entwickelten sich historisch, sind darum auch so zu sehen und entsprechend zu werten. Das historische Wissen verändert sich ununterbrochen in Abhängigkeit von den jeweiligen Umständen, passt sich wie seine Methodologie den wandelnden Situationen an. Alles natürlich oder geschichtlich Gewachsene ist gut, kann nur aus sich und der Zeit heraus verstanden und beurteilt werden. In der historistisch orientierten Geschichtswissenschaft ging es um die Bedeutung der stets präsenten Geschichte für die eigene Zeit, um die Selbstvergewisserung und Orientierung des Individuums, ferner um eine Werte-Diskussion, die zeitgleich intensiv von den Philosophen geführt wurde. Die Grundlagen wurden bereits zur Zeit der Aufklärung gelegt.

Entwickelte Frühform

Eine Frühform des Historismus lässt sich schon bei Johann Gottfried Herder (1744–1803) erkennen. Für ihn ist der Mensch ein höherentwickeltes Tier, dem die Natur, dahinter stehend Gott, den Auftrag erteilt hat, sich hervorzubringen. Im Selbstbehauptungskampf wird der Mensch erfinderisch, erschafft Werkzeuge, gestaltet sich selbst, damit zugleich die Natur, bringt Kultur hervor. Der natürliche Selbsterhaltungstrieb wird dann gebändigt und verfeinert.[36]

Die Arbeit der Menschwerdung vollzieht sich als Steigerung in der Natur; die menschliche Geschichte bildet das »triumphale Schlusskapitel« der großen Naturgeschichte. Die Geschichte, die den Menschen hervorbringt und die Geschichte, die dieser hervorbringt – das zusammen ergibt nach Herder dessen Naturgeschichte.[37]

Im Zentrum steht bei Herder das Individuum (»Werkzeug« der Geschichte), doch er weitete diesen Begriff auf Kollektivgrößen wie Staat und Nation aus. Beide seien im Wesen einander ähnlich, besäßen eine Geschichte, Seele, seien nicht rational, doch dynamisch, sie änderten sich, oftmals nur als Folge von »Kleinigkeiten«, von »Zufall, Schicksal, Gottheit«.[38] Jede Epoche, jede Nation, jede Volks- und Partikulargeschichte trage ihren Wert und ihre jeweilige Bedeutung, ihre Glückseligkeit in sich. Die menschliche Natur ist »keine im guten selbständige Gottheit: sie muss alles lernen, durch Fortgänge gebildet werden, im allmählichen Kampf immer weiter schreiten; natürlich wird sie also von den Seiten am meisten oder allein gebildet, wo sie dergleichen Anlässe zur Tugend, zum Kampf, zum Fortgange hat – in gewissem Betracht ist also jede menschliche Vollkommenheit national, säkular, und am genauesten betrachtet, individuell. Man bildet nichts aus, als wozu Zeit, Klima, Bedürfnis, Welt, Schicksal Anlass, gibt«.[39] Jedes Zeitalter müsse in dem ihm innewohnenden Wertbegriffen gesehen werden. Die Werte seien nur durch die Geschichte zu erfahren, offenbarten sich allein im nationalen Geist.

Wahrheit und Moral

Wenn aber alle Wertbegriffe und alle Erkenntnisse individuell und geschichtsgebunden sind, kann es weder objektive Kriterien für die Wahrheit noch für die Ethik geben. Zwar verlangt Herder vom »Geschichtsschreiber der Menschheit (...) unparteiisch zu sehen und leidenschaftslos zu richten«; doch er selbst teilt beim Gang durch die vergangenen Epochen durchaus Zensuren aus.[40]

Auch für ihn stellten sich die Fragen nach dem Zusammenhang, der Verknüpfung der Ereignisse. Er befürwortete kausale Beziehungen, gestützt auf die Fakten: »Im Erzählen der Geschichte wird (der Geschichtsschreiber) also die größte Wahrheit, im Fassen und Beurteilen den vollständigsten Zusammenhang suchen und nie eine Sache, die ist oder geschieht, durch eine andre, die nicht ist, zu erklären streben. Mit diesem strengen Grundsatz verschwinden alle Ideale, alle Phantome eines Zauberfeldes: überall sucht man, rein zu sehen, was da ist, und sobald man dies sah, fällt meistens auch die Ursache in die Augen, warum es nicht anders als also sein konnte. Sobald das Gemüt an der Geschichte sich diese Gewohnheit eigen gemacht hat, hat es den Weg der gesunderen Philosophie gefunden, den es außer der Naturgeschichte und Mathematik schwerlich anderswo finden konnte«. Damit ist zugleich auch eine Annäherung an die exakten Wissenschaften vollzogen.

Das Schicksal

Für einen protestantischen Theologen des 18. Jhd. mag es sich erstaunlich ausnehmen, dass er hinter der Geschichte keine höhere Absicht, sondern nur ein eher blindes »Schicksal« sieht, wenn er fortfährt: »Eben dieser Philosophie zufolge werden wir uns also zuerst und vorzüglich hüten, den Taterscheinungen der Geschichte verborgene einzelne Absichten eines uns unbekannten Entwurfs der Dinge oder gar die magische Einwirkung unsichtbarer Dämonen anzudichten, deren Namen man bei Naturerscheinungen auch nur zu nennen sich nicht getraute. Das Schicksal offenbart seine Absichten durch das, was geschieht und wie es geschieht; also entwickelt der Betrachter der Geschichte diese Absichten bloß aus dem, was da ist und sich in seinem ganzen Umfange zeigt. Geschichte ist die Wissenschaft dessen, was da ist, nicht dessen, was nach geheimen Absichten des Schicksals etwa wohl sein könnte«.[41] Das ist die eminente Betonung des Faktischen. Untersucht werden kann nur, was überliefert ist. Spekulationen über Lücken verbieten sich! Der Zeit entsprechend nimmt er einen Rückgriff auf antike Geschichtsauffassungen vor, so erscheinen organologische Muster mit dem entsprechenden Relativismus, wie auch die Vorstellung einer sich gleich bleibenden Menschennatur: »Alles hat auf der Erde geblüht, was blühen konnte; jedes zu seiner Zeit und in seinem Kreise: es ist abgeblüht und wird wieder blühen, wenn seine Zeit kommt. Das Werk der Vorsehung geht nach allgemeinen großen Gesetzen in seinem ewigen Gange fort (...) Die Natur des Menschen bleibt immer dieselbe; im zehntausendsten Jahr der Welt wird er mit Leidenschaften geboren, wie er im zweiten derselben mit Leidenschaften geboren ward, und durchläuft den Gang seiner Torheiten zu einer späten, unvollkommenen, nutzlosen Weisheit. Wir gehen in einem Labyrinth umher, in welchem unser Leben nur eine Spanne abschneidet; daher es uns fast gleichgültig sein kann, ob der Irrweg Entwurf und Ausgang habe«.[42]

Herder verneinte eine objektive Geschichtsbetrachtung. Geschichte war allein mittels Einfühlung zu verstehen. Geschichte sei der »Schauplatz einer leitenden Absicht auf Erden, wenn wir gleich nicht die letzte Absicht sehen sollten.«[43] Seine Position drückt schon vor dem eigentlichen Beginn eine radikale Form des Historismus aus.

Einfühlung

Die Französische Revolution, die folgende napoleonische Herrschaft und deren Kriege, die Industrialisierung veränderten die Lebenswelten tiefgreifend. Leopold von Ranke (1795–1886) sah dahinter die Wirksamkeit eher destruktiver Tendenzen, ein Ergebnis des aufgeklärten wie liberalen Denkens. Dagegen wurde von ihm das geschichtliche Wissen als »geistig-politische Macht« in Stellung gebracht.

Ranke übernahm Anschauungen von Herder. Nur mittels der Geschichte sei alles Menschliche zu verstehen. Individuen, Institutionen, Nationen, Staaten seien stabile Zentren in einer Welt unaufhörlichen Fließens. Der Staat müsse die ihm innewohnenden Tendenzen, d.h. die von der Geschichte vorgezeichnete Richtung entfalten, um durch Kampf gegen andere Nationen (das Gute werde siegen) den höchsten Grad der Unabhängigkeit und der Stärke zu erreichen. Aufgabe der Deutschen sei die Schöpfung eines deutschen Staates, in Einklang mit dem Geist der Nation.

Ranke: das Zitat

Ranke brachte es auf den Nenner: »Jede Epoche ist unmittelbar zu Gott, und ihr Wert beruht gar nicht auf dem, was aus ihr hervorgeht, sondern in ihrer Existenz selbst, in ihrem eigenen Selbst«.[44] Jede Epoche habe »an und für sich ihren Wert«, man dürfe freilich dabei nicht übersehen, »was aus ihr hervorging«. Die »Gottheit« übersieht alles, »findet alles überall gleich wert«, auch »alle Epochen gleichberechtigt« – und so auch der Historiker, der so von hoher Warte aus betrachtet und wertet. Ein Fortschritt »im Bereich der materiellen Interessen« sei nicht zu verkennen, den aber Ranke eher mäandernd wie einen Fluss annimmt; doch »in moralischer Hinsicht« sah er keinen.[45] Hier teilt er nachrevolutionären Pessimismus. Die Geschichte stellte für ihn an sich einen sinnvollen Prozess dar, über den Sinn der Weltgeschichte lasse sich aber nichts sagen. Dieses Wissen komme allein Gott zu. Die moralischen Maßstäbe der Gegenwart dürften nicht auf die Vergangenheit angewendet werden; allgemein gültige Grundsätze dafür gäbe es nicht.

Die Suche nach den Quellen

Mehrere Konsequenzen resultierten daraus. Um das Menschliche zu verstehen, wie auch die Richtung, die der Staat ging bzw. zu gehen habe, um »zu sich zu kommen«, also die ihm immanente Stärke und Überlegenheit zu erreichen, brauchte es eine Materialbasis. Das führte zur verstärkten und konsequenten Erarbeitung und Herausgabe von Quellen, aber auch zu Theoriefeindlichkeit. Denn wenn alles Wissen ohnehin in den Quellen liegt, kommt es nur auf eine Methodik zu deren Erschließung und Auswertung an. Hierbei erfolgten tatsächlich die größten Fortschritte, welche die deutsche Geschichtswissenschaft für eine Weile zur dominierenden aufsteigen ließ. Gegen Hegel sah er in den »leitenden Ideen« lediglich die »herrschenden Tendenzen in jedem Jahrhundert«, die nur zu »beschreiben«, aber nicht auf einen »Begriff summiert« werden könnten.[46] Entsprechend seiner Anschauungen werden die »herrschenden Tendenzen«, die Staaten, zum Gegenstand der Geschichtsschreibung, mit der Verwendung entsprechender Quellen: Akten aus den Staatskanzleien, Briefe der Päpste, der Kurie, Gesandtschaftsberichte. Die politische Geschichte überwiegt bei Ranke wie auch allgemein in Darstellungen historistischer Tendenz.

Der Relativismus

Wenn nun aber jede Epoche ihren eigenen Wert hatte, alles überall gleich wert, gleich berechtigt war, es keine allgemein gültigen Grundsätze zur Bewertung der Geschichte gab, dann mündet das in einen Wertrelativismus. Wie sind dann erwiesene Schurkenstücke zu sehen: gleich wert den höchsten Aufopferungen des Patriotismus? Diese Position hatte sich in eine Ecke manövriert. Viele der kommenden Historiker verwendeten viel Mühe darauf, eine Lösung zu finden, um da heraus zu kommen.

Der Mensch als Mittel der Geschichte

Gustav Droysen (1808–1884) hatte sich intensiv mit Hegel beschäftigt, er wurde weiter oben schon diesbezüglich zitiert. Auch bei ihm gelten als historische Gegebenheiten: das Volk, Sprache, Religion, Staat. Die Menschen sind Teil und »Arbeiter« der Geschichte, Mittel zu deren Zweck; manche jedoch »Werkmeister«, die »wissen, um was es sich (...) handelt«.[47] Das Leben ist nicht nur geschichtlich geworden, es ist von Geschichte bestimmt und durchdrungen. Mensch ist jeder dadurch, dass er »in der Geschichte und die Geschichte in ihm ist«. Menschen können ihr Leben nicht jenseits der Umstände verbringen, in die sie hineingeboren wurden. Die Entdeckung der eigenen Geschichtlichkeit sei die Voraussetzung für das Interesse der Vergangenheit. Auch der Historiker sei ein vermitteltes, ein »geschichtliches Resultat«. Doch beim »Absoluten« zieht er eine deutliche Grenze zu Hegel, bei dem dies nur der »Zeiger einer Uhr« sei und »nicht Gott«.[48] Den Forschungsgegenstand konstituieren die eigene Gegenwart und eine dieser entsprechende Fragestellung. Der Historiker erforscht nicht die Vergangenheit, sondern die daraus entstammenden Quellen. Ohne diese sind keine Fragen möglich. Die historischen Fakten an sich seien »stumm«, der Historiker bringe sie »gegenwärtig« zum »Sprechen«.[49]

Über das Verstehen

Droysen fand »das Wesen unsrer Wissenschaft nicht in der Kritik, sondern im Verstehen, in der Interpretation (...); nicht in dem Verstehen vergangener Zeiten, sondern Verstehen dessen, was davon noch übrig und gegenwärtig ist, sei es in Berichten und Darstellungen, sei es in Resten und Zuständen. Denn nur Gegenwärtiges können wir menschlicherweise fassen, und nur, was aus dem Vergangenen nicht vergangen ist, lässt uns deutend und verstehend das *Bild* der Vergangenheiten herstellen. Von jedem Punkt der Gegenwart – dem Gewordenen – strahlt durch unsre Wissenschaft erregt ein Lichtkegel rückwärts in die Nacht des Vergangenseins«.[50]

Bevor sich der Historiker den Gegenständen nähert, muss er wissen, was er wissen will. Nur die Ereignisse, die in diese zentrale Konzeption passen, fließen ein. Die Geschichtserzählung schließlich sei eine – subjektive – Konstruktion, die sich aus Fragestellung, Idee, Hypothese ableite. Ihr Anfang, die Anordnung ließen sich nur vom gewussten Ende her vornehmen. Die Erzählung bestimme auch die Chronologie, nicht umgekehrt.

Die Quellen widerspiegeln den menschlichen Geist.[51] Selbst wenn sie nur »äußeres Tun« enthalten, reflektieren sie doch einen inneren Vorgang: Gefühle, Empfindungen und Triebe. Was den menschlichen Geist bewege, vor allem soziale Gebilde wie Staat und Religion, könne deshalb auch stets verstanden werden. Dafür müsse man sich mittels eines intuitiven, subjektiven Aktes in den anderen hineinversetzen. Das individuelle Ich sei dafür und dabei auszulöschen.

Auslöschung

Der Historiker könne »gleichsam aus einem höheren Ich (denken), in welchem die Schlacken meiner eigenen kleinen Person hinweg geschmolzen sind«.[52] »Und indem mein empirisches Ich im Forschen und Denken sich seiner Besonderheiten entkleidet, sich generalisiert, sich als das wesentliche typische und allgemeine Ich gesetzt hat, erhebt es sich zugleich über die Schranke des Hier und Jetzt hinaus und hört auf, nur mein Ich zu sein. Es ist das allgemeine Ich«.[53] Der Kernsatz lautet: »Das Wesen der historischen Methode ist forschend zu verstehen«.[54] Dafür galt es, Quellen zusammenzutragen und Dokumente anzuhäufen. Je mehr Quellen zur Verfügung standen, umso näher kam man der Wahrheit.

Für Droysen, der damit die Hermeneutik der historischen Wissenschaft begründete, ermöglichte die Methode des Verstehens noch objektives Wissen, da er fest daran glaubte, in einer von Gott durchdrungenen Welt zu leben. Das beinhaltete auch einen Optimismus hinsichtlich der menschlichen Wissens- und Entwicklungsfähigkeit.[55] Auch er steht im Banne aufgeklärten Denkens, wenn er auf die Freiheit zu sprechen kommt: »Die Freiheit ist die Idee, ist der Zweckbegriff des Menschen und der Menschheit. Ihr Dasein ist, diese Idee in rastlosem Fortschreiten zu erarbeiten und arbeitend zu erkennen und erkennend zu vertiefen«.

Wissen und Fortschritt

»Nachdem einmal dieser Gesichtspunkt festgestellt ist, ergibt sich das weitere wie von selbst. Wir wissen, dass der menschliche Geist eine emporsteigende Geschichte durchlebt hat und dass in der rastlosen Bewegung aller sittlichen Sphären dies sein Weiterschreiten bedingt war. Das

Interesse also, das hier die Betrachtung leitet, ist einfach, dies Fortschreiten des menschlichen Geistes zu konstatieren und, so weit möglich, in seinen Wendungen zu verfolgen. Nur wo wir einen Beitrag für die fortschreitende Bewegung der Menschheit finden, haben wir das Interesse, zu sehen, wie sie sich da einleitete, formte, vollzog, was sie ergab. In diesem Zusammenhang und für denselben erscheint alles bedeutsam und der Erforschung wert. Und wieder, wo wir forschen und uns vertiefen, geschieht es in der Hoffnung, dass wir die Momente finden werden, welche zu jener allgemeinen Bewegung der Menschheit in Beziehung stehen«.[56]

Die Fortschrittsidee tritt hier unverkennbar auf. Doch auch sie erscheint innerhalb eines staatlichen Rahmens. So untersuchte Droysen ebenfalls bürokratische und institutionelle Strukturen, ganz vor dem Hintergrund des Aufstiegs des preußischen Nationalstaates, zu dessen Selbstbehauptung er somit beitrug. Er vertrat die Kleindeutsche Konzeption der deutschen Einheitsfrage, das konstitutionelle Erbkaisertum der Hohenzollern; er beklagte kulturpessimistisch die »Verpöbelung der untern Schichten«.[57]

Droysen wirkte mit seinen wissenschaftstheoretischen Überlegungen in die Zukunft. Er erweiterte die historische Methode um hermeneutische Aspekte, thematisierte die Vorgänge des Verstehens und koppelte sie an das Subjekt, die Person des Verstehenden.

Lebensfragen

Wilhelm Dilthey (1833–1911) stellte fest, dass der »Zustand der Wissenschaften nicht der Aufgabe entspreche, die Lebensfrage der Zivilisation, nämlich die nach den Ursachen gesellschaftlicher Erschütterungen zu bewältigen«. Dafür wollte er den »wissenschaftlichen Wert historischer Analysen (...) begründen und (...) die Struktur und die Ursprünge des europäischen Geistes aufspüren.«

Er setzte sich polemisch mit dem Positivismus auseinander, forderte ebenfalls eine Abgrenzung von den Naturwissenschaften. Menschliches Leben sei nur verständlich im Verweis auf die Geschichtlichkeit der menschlichen Existenz, diese sei zudem das »Medium der Selbsterkenntnis des Menschen« als geschichtliches Produkt seiner Selbst. Darum kämen auch unterschiedliche Methoden und Begriffe zum Einsatz: Die Methode der Geisteswissenschaft sei es zu verstehen, die der Naturwissenschaften zu erklären.[58]

Verstehen und erklären

Objekte der Geisteswissenschaften seien der Mensch und die Welt der Beziehungen zwischen den Menschen im historischen Verlauf. Das Untersuchungsobjekt sei untrennbar verbunden mit dem Subjekt, das es behandle und beschreibe. »Alles ist hier durch geistiges Tun entstanden und trägt den Charakter der Historizität«.[59] »Das Ganze einer Entwicklung, die leitende Tendenz einer Epoche, die beherrschende Idee eines Jahrhunderts« erschließe sich dem Historiker in der »Divination«, seiner Art des Verstehens. Er formulierte den »Universalitätsanspruch« des Verstehens: Alles, was von Menschen gemacht ist, kann als Zeichen, als Ausdruck bewussten Lebens gedeutet und daher einer Verständnisbemühung unterworfen werden. Verstehen ist bei Dilthey eine Funktion des ganzen Menschen; die Kategorien des Verstehens sind nahezu identisch mit denen des Lebens. Die Methoden der kausalen Erklärung seien hier unbrauchbar.

Hermeneutik ist für Dilthey die »Kunstlehre der Auslegung«. Das letzte Ziel des hermeneutischen Verfahrens ist es, »den Autor besser zu verstehen, als er sich selber verstanden hat«.[60] Denn die Nachwelt wisse – ex post – möglicherweise mehr über einen Autor als dieser über sich selbst. Aufgabe der Hermeneutik sei es, über das Verstehen eines geschriebenen Textes auf Intentionen und Gedanken des Autors zu schließen: »[D]ie grammatische Auslegung geht im Text von Verbindung zu Verbindung bis zu den höchsten Verknüpfungen im Ganzen des Werkes. Die psychologische Auslegung geht von der Versetzung in den schöpferischen inneren Vorgang aus, und schreitet vorwärts bis zur äußeren und inneren Form des Werkes, von ihr aber weiter zur Erfassung der Werke in Geistesart und Entwicklung ihres Urhebers«.[61]

Der hermeneutische Zirkel

Dem stellte sich aber ein Hindernis, von Friedrich Schleiermacher (1768–1834) als Problem des »hermeneutischen Zirkels« beschrieben, in den Weg: Wir können einen Satz nur verstehen, wenn wir die in ihm enthaltenen Wörter kennen, verstehen und auf die Aussage des gesamten Satzes beziehen. Für sich allein sagen die Wörter nichts. Sätze in einem Buch erklären sich nur in ihrem übergeordneten Kontext. Um zu verstehen, muss man also schon einmal überhaupt etwas verstanden haben; um zu wissen, braucht es Vorwissen. Für das hermeneutische Denken gibt es demnach keine absoluten Anfänge; es hat immer die Struktur einer Vertiefung und Kritik des bereits vorhandenen Vorwissens, ohne das die Interpretation gar nicht beginnen könnte. Wir gelangen damit mehr in methodische Auseinandersetzungen über Quelleninterpretation, was nicht hier nicht zum Thema, doch in den Kontext des Historismus gehört. Denn dessen zentrale Annahme war ja eine grundgelegte Identität aller Menschen, die das Verstehen von Lebensäußerungen über die Zeiten hin möglich machte.

Phraseologie

Diltheys Positionen wurden später kritisch gesehen (Arnold Gehlen, Hans-Georg Gadamer, Paul Veyne). Er sei in seinen Erkenntnissen nicht recht weit gekommen. Die einfachste historische Erklärung sei meistens eine leere Phrase wie: Krieg geschehe aus Ruhmsucht. Zudem seien seine Erkenntnisse irrationalistisch. Das Verstehen sei eine retrospektive Illusion. Seine Methode des Verstehens sei nur die Maske der Vulgärpsychologie oder unserer Vorurteile. Der Gedanke, dass der Mensch den Menschen verstehe, bedeute ganz einfach, dass wir alles bei ihm für möglich halten.[62] Wenn, wie bei ihm, kein transzendenter oder immanenter Horizont existiere, reduziere sich die Bedeutung der Individualität oder jeder historischen Epoche nur auf sich selbst. Damit erweisen sie sich als vorübergehend und wieder einmal als relativ. Das führt erneut zum historischen Relativismus und zur Werteproblematik. Dilthey hatte demnach die überkommene Frage, welche Werte als Bezugspunkt der Beurteilung menschlichen Handelns gelten sollten, auch nicht lösen können. Diesem Problem widmeten sich in Folge Ernst Troeltsch und Friedrich Meinecke.

Absolute Werte

Ernst Troeltsch (1865–1923), der eine Krise der Werte, überhaupt eine Denkkrise der Zeit diagnostizierte, ging es um die Beziehungen zwischen Werten und Geschichte, zwischen den absoluten Werten der Religion und dem Relativismus des Historismus. Das Problem löste sich für ihn durch die Annahme einer prinzipiellen Gleichartigkeit der menschlichen Natur; sie begründe und ermögliche die Gemeinsamkeit der Anerkennung höchster Wertmaßstäbe. Diese stehen hinter der Auswahl der Ideale. Die relativistische und individuelle Natur der historischen Ereignisse erscheint als solche nur in Bezug zum Absoluten, als letzter Bezug zu Gott. Denn hinter allem drückt sich Gott aus. Er nimmt »eine ihm gegebene und sich offenbarende göttliche Idee« an; eine dem Menschen gewährleistete Teilhabe am Wesen des umfassenden Geistes.[63]

So wollte er eigentlich ein moralisches Modell aufstellen, das als Kriterium und zur Beurteilung der jeweiligen historischen Epochen diente. Dafür musste er wieder auf absolut gültige Werte zurückgreifen, die sich durch die Geschichte zögen. Das stellt einen metaphysischen Rückschritt, zugleich einen Ausdruck der Krise des Historismus dar. Denn letztlich ging es darum, die Werte zu verabsolutieren, ihnen damit einen normativen Wert für das menschliche Handeln und deren Beurteilung zuzuschreiben. Seine Haltung war nicht mehr zeitgemäß und entsprach nicht mehr dem Stand der wissenschaftlichen Erkenntnis. Dies betrifft sein statisches Menschenbild wie auch Gott hinter der Geschichte. Aber nur unter beiden Annahmen fand er seine Lösung des Werteproblems. Damit freilich hatte er den Boden einer kritischen Geschichtswissenschaft verlassen und war gleichsam in voraufgeklärte Zeiten zurückgegangen. Diese Sackgasse war nur zu offensichtlich. Verwundern können nur noch spätere Versuche, wieder auf Troeltsch aufzubauen.

Rettung des Historismus

Friedrich Meinecke (1862–1954) zählte zu den Schülern Droysens und gelangte so in den Denkkreis des Historismus. Er setzte sich mit der Troeltschen Theorie auseinander und versuchte deren sichtliche Schwächen auszugleichen. Für ihn waren Nationalstaaten, der preußische wie der deutsche, Individualgebilde mit eigener Existenzberechtigung. Diese Denklinie rührt noch von Hegel her. Daraus ergab sich seine Bevorzugung und positive Wertung der großen Persönlichkeiten und der Quellen aus deren Umkreis. Mit diesem Material suchte Meinecke sich deren geistigen wie seelischen Einstellungen anzuempfinden. Die materiellen, wirtschaftlichen, sozialen, sogar politischen Aspekte blieben dabei ausgeblendet. Seine frühere imperialistische Haltung änderte er nach dem Ersten Weltkrieg zu der eines liberalen »Vernunftrepublikaners«, wenngleich seine nationalstaatliche Grundhaltung bewahrt blieb. Die tief greifenden politischen Veränderungen des 19. und 20. Jhd. erfasste er nicht.

Für ihn bedeutete der Historismus mit seinem Individualitätsprinzip die größte kulturelle Revolution der modernen Philosophie. In einer Art von dualistischer Auffassung schied er Kausalitäten und Werte, wobei »mechanische, biologisch-organische und persönlich-sittliche Kausalitäten (...) ineinander verschränkt und alle von der Geschichtswissenschaft zu erforschen seien«. Die Auswahl und Akzentsetzung müsse der Historiker treffen, nach dem Kriterium »der Nähe zur Welt der geistig-sittlichen Werte«.[64] 1936 verfasste Meinecke, seit 1932 emeritiert und von den Nazis kalt gestellt, sein Werk über die »Entstehung des Historismus«, den er in erster Linie für eine Weltanschauung hielt; im Unterschied etwa zu seinem Kollegen Otto Hintze (1861–1940), der diesen lediglich als wissenschaftliche Methode einstufte. Meinecke betonte den individuellen Charakter historischer Ereignisse, verbunden mit einer entsprechenden Entwicklung, um zur tieferen Erfassung der Geschichte zu gelangen. Er ging davon aus, dass die menschliche Natur unverrückbar auf ewige, absolute Werte Bezug nehme. Damit stehen diese und letztlich wieder »Gott« hinter der Geschichte und wirken die auf die einzelnen nicht wiederholbaren historischen Fakten und Ereignisse ein. Auch Meinecke konnte für das Problem des Relativismus keine brauchbare Lösung angeben. Er hat dieses Werk nicht beendet; die Zeit ist über ihn hinweggegangen. Der Historismus wurde schließlich in der Nachkriegszeit recht einseitig als konservative, wenn nicht reaktionäre Ideologie verurteilt; als zeitangepasster Ausdruck der politischen Impotenz des Bildungsbürgertums des 19. Jhd..[65]

Kritik der Kritik

Solche eine ideologiekritische Sichtweise ist denn doch recht undifferenziert. Der Historismus kann einerseits als Reaktion auf die Naturrechtslehre der Aufklärung gesehen werden, welche die Geschichte ausgeblendet hatte, die nun zurückgeholt wird; andererseits auch auf die positivistisch-naturwissenschaftlichen Methoden anderer Fächer. Im Mittelpunkt des Forschungsinteresse standen das Subjekt wie die Individualitäten. Jedes historische Phänomen, also ein Staat etwa, wies seine eigene Individualität auf. Zugleich war dieses Phänomen ein Bestandteil der historischen Entwicklung, die sich in einer jeweiligen Zeit vollzog. Diese Entwicklung bedeutete zugleich Veränderung, nicht unbedingt Fortschritt. Diese wiederum war im größeren Rahmen allgemeiner Tendenzen zu sehen. Das Allgemeine wirkte auf das Besondere, die Individualität ein. Die historischen Individuen wie Lebenswelten werden als Subjekte begriffen, die nur aus sich selbst verstanden werden können.

Das bedeutet, dass jede Epoche aus sich selbst, aus ihrem Eigenwert heraus untersucht werden sollte. Dem entsprach der jeweilige historische Standort als Ausgangspunkt der Untersuchung. Der Forscher, der diesen auswählt, wird dann von seinem zum geschichtswirksamen Subjekt erhobenen Untersuchungsobjekt geleitet, das somit der Beliebigkeit enthoben ist. Das forschende Subjekt wird in diesem Prozess gleichsam selbst zum Objekt der Geschichte, die sie verstehend nachvollzieht.

Rolle der Sprache

Diese Haltung wirkt sich auch auf die Sprache des Historismus aus: Die Begriffe der Epoche selbst sind zu verwenden, deren Bedeutungsfelder zu nutzen. Bedarf es übergreifender oder aktueller Definitionen, so dürfen diese nicht überdehnt, sondern nur für den vorübergehenden operationellen Zweck genutzt werden. Erforderliche allgemeine Bezeichnungen müssen auf die individuellen Phänomene oder Epochen eingegrenzt bleiben. Dem Individualitätsprinzip entsprechend muss jede Epoche nach den eigenen Maßstäben erkannt wie beurteilt werden. Vorliegende oder vorgegebene Beurteilungskriterien können für die konkrete Arbeit als Hilfsmittel nützlich sein, tragen selbst aber weiter nichts zur historischen Erkenntnis bei. Damit wäre eigentlich der Rückbezug auf metaphysische Prinzipien (wie Gott) hinter der Geschichte entfallen.

In der historographischen Praxis aber kommen solche Prinzipien zur Lösung des Relativismusproblems immer wieder vor. Analog hätte das auch das Wahrheitsproblem betroffen. Denn beim Historismus erscheint »Wahrheit« nur möglich als historisches, von Menschen abhängiges und damit relatives Kriterium. Das Relativitätsproblem erstreckt sich ferner auf die Wissenschaft. Sie ist selbst Teil und Faktor des geschichtlichen Prozesses, im Rahmen ihrer Epoche und deren inter-subjektiven Maßstäben zu sehen. Das verneint einen überzeitlichen, allgemein verbindlichen Erkenntniswert von Wissenschaft. Die Forschungsprozesse bleiben in ihrer eigenen Geschichtlichkeit verhaftet. So konnte der Historismus im Extremfall zu einer gewissen Beliebigkeit der historischen Themenwahl, der Rekonstruktion der Sinnzusammenhänge und des Verstehens vergangenen Lebens führen.

Die Geschichtsschreibung des 19. Jhd. ist mit ihren Großen Erzählungen vor allem durch den »*linguistic turn*« turn kritisch gewürdigt worden, der Leistungen wie Defizite herausarbeitete. Mit dem Begriff bezeichnet man in der Philosophie eine Entwicklung hauptsächlich des 20. Jahrhunderts, die mit einer verstärkten Hinwendung zum Phänomen der Sprache und seiner Bedeutung einhergeht. Bekannt wurde das Schlagwort durch die 1967 von Richard Rorty (1931–2007) herausgegebene Anthologie *The Linguistic Turn. Essays in Philosophical Method.*

Maßstäbe und Werte

Die Relativierung der Maßstäbe durch die immanente Deutung jeder Epoche aus ihren eigenen heraus blieb immer das große Problem. Eine solche Haltung verhindert eine kritische Sicht auf die Geschichte. Der Historismus räumte der Individualität (in) der jeweiligen geschichtlichen Epoche ihr historisches Recht ein und neigte dazu, historisches Unrecht zu übersehen, wie auch Wert- und Normenkonflikte.

Das Hauptgenre der Historiographie des 19. Jahrhunderts bildete die Biographie. Ihr zugrunde lag die organologische Sichtweise des biologischen Prozesses von Werden und Vergehen, womit der Geschichte eine unvermeidliche, determinierende Naturgesetzlichkeit unterlegt wurde. Eine »Leistung« dieser Geschichtsbetrachtung bestand in der Beruhigung des Publikums. Der Konfliktcharakter der jeweiligen Epochen und Gesellschaften kam kaum in den Blick oder wurde für gering erachtet. Ein kritischer Bezug zur Gegenwart wurde nicht hergestellt. Damit aber entfiel auch eine Handlungsorientierung für die Zukunft. Der Historismus betonte das geschichtlich Gewordene, räumte der Individualität ihren Platz ein. Er trug zur Historisierung von Denken und Wissen sowie zur Herausbildung einer historischen Methodenlehre, der Historik, bei.[66]

Allgemeine Erklärungen und Gesetze

Der Historismus hob auf individuelle Wertsetzungen und Sinnbezüge ab – der Positivismus auf die Erklärung gesetzlicher Prozesse aus allgemeinen Ursachen. Der Positivismus entwickelte sich Mitte des 19. Jhd. in den Naturwissenschaften, prägte dann auch die Geisteswissenschaften, ließ die Soziologie zu einer neuen Disziplin werden. Als weitverbreitete Anschauung hielt er sich lange, bis ins 20. Jhd. hinein. Die Breite des Begriffs ist beträchtlich. Unter Positivismus wird hier eine wissenschaftliche Grundhaltung verstanden, die vom positiven, d.h. vom sinnlich gegebenen Fassbaren und Wahrnehmbaren ausgeht und in dessen exakter Beschreibung und Definition, Einordnung und Klassifikation das erste Forschungsanliegen sieht.

Die Geschichtswissenschaft rezipierte diese Anschauung: Für eine exakte Beschreibung braucht es demnach möglichst alle Fakten, die alle gleich bedeutsam ein Stück der Vergangenheit zeigen. Darum bewirkte der Positivismus des 19. Jhd. enorme und umfangreiche Quellensammlungen und -editionen, etwa die der *Monumenta Germaniae Historica* (MGH), begründet 1819 vom Freiherrn vom Stein (1757–1831, auf die sich die Disziplin auch heute noch stützt. Die aus dem immensen Steinbruch der Vergangenheit in gemeinsamer Fron herausgebrochen Blöcke wurden dann noch behauen und entsprechend angeordnet, d.h. Daten erhoben und zu Fakten geordnet. Die Geschichtsdarstellung erfolgte gewöhnlich in chronologischer Reihenfolge. Die Geschichtswissenschaftler vertraten die Meinung, dass aus den Quellen rekonstruierbare Tatsachen die Wirklichkeit direkt wiedergeben. Die Geschichte galt – und gilt z.T. immer noch – als Abbild einer vergangenen Wirklichkeit.

Modelle, Gesetzlichkeiten

Die Grundlagen für diese Positionen legte Auguste Comte (1798–1857) in dem von ihm formulierten »Gesetz der drei Stadien« über die Entwicklung der Wissenschaft. Nach der ersten, der theologischen Stufe, folgte die philosophische, darauf die wissenschaftliche, die zugleich zum Endstand der positiven Wissenschaft gelangte. Die Erkenntnis der Gesetzlichkeit der Gesellschaft und damit die ihrer Geschichte sind für Comte erreicht. In diesem Zusammenhang ist ferner John Stuart Mill (1806–1873) zu nennen, der eine Methode anstrebte, die »in dem Versuch besteht, durch Studium und Analyse der allgemeinen Tatsachen der Geschichte (...) das Gesetz des Fortschritts zu entdecken; und dieses Gesetz, sobald wir es einmal gefunden haben, muss (...) uns in die Lage versetzen, künftige Ereignisse« vorherzusagen.[67]

Es ging hier mehr um eine einwandfreie Methodik mit formallogischen Regeln und definierten Gesetzlichkeiten. Was diesen nicht gehorchte, gehörte nicht zur exakten Wissenschaft. Die Anlehnung an naturwissenschaftliche Vorgehensweisen ist evident, diese sollen auf die Untersuchung der Geschichte übertragen werden. Geschichte erscheint ihrerseits als »ein Fall der Natur«. Anders als beim Historismus ist ein individuelles Faktum geschichtlich irrelevant, es interessiert nur, wenn deren Menge und Existenzdauer Gesetze erkennen lassen. Analog führen kollektive Ursachen zu determinierten Handlungen. Die Geschichte erscheint als Objekt unter anderen Objekten, unterscheidet sich von anderen Ereignissen nur dadurch, dass sie vergangen sind. Mit den Ergebnissen einer solchen Geschichtsbetrachtung ließ sich wenig anfangen, sie verhedderten sich in Zirkelschlüssen, interpretierten in die Wirkung die Ursachen hinein. So gelangen umfassende Darstellungen, die alles und damit nichts erklärten, so unbeweisbar wie unwiderlegbar und letztlich banal, wenn sogar Weltkriege als bloßes »Schicksal« abgetan wurden.

Grundannahmen

Mit dem Historismus war das Problem des Verstehens verbunden. Hier kann auf Dilthey rückverwiesen werden. Seine Unterscheidung der Geistes- von den Naturwissenschaften wirkte sich auf dem Methodensektor aus. Welche waren die angemessenen, um Geschichte zu erfassen, naturwissenschaftliche oder hermeneutische? Letztere interessieren hier im grundsätzlichen, weniger im methodischen Sinne: Wie ist richtiges von falschem Verstehen zu trennen und ersteres zu ermöglichen? Das ist die Frage, die die Hermeneutik stellt

Die hermeneutische Geschichtstheorie weist einige Grundannahmen auf: Einem späteren Interpreten eines schriftlichen, verschriftlichten oder sonstigen Dokuments oder Kunstwerks ist es möglich, darin enthaltene Autor-Intentionen, auch Emotionen, in sich und für andere zu reproduzieren. Dies geschieht durch eine bestimmte Art der Verstandesoperation, nämlich der »Einfühlung« (Dilthey), dem »Verstehen«. Das bedeutet aber häufig ein Übergewicht der Beschreibung zu ungunsten der Erklärung.

Wahrheit und Methode

Der bedeutendste Vertreter der Hermeneutik (ursprünglich der Lehre von der Auslegung von Texten) in Deutschland war Hans-Georg Gadamer (1900–2002). Dieser stellte sich gegen Dilthey: Ein Absolutes, für alle Zeiten gültiges Verständnis einer Sache sein unmöglich; jede Zeit verstehe einen überlieferten Text auf ihre Weise neu.

Wer verstehen will, ist »Vormeinungen« ausgeliefert, die dem Verstehen voraus liegen und nicht aus der Sache selbst kommen. Das basiert im Grunde auf Erkenntnissen des 19. Jhd.. Ohne ein »Vorwissen« sei kein Wissen möglich. Um zu wissen, müsse man schon immer etwas wissen, was gewöhnlich durch die Sozialisation eines Individuums der Fall sei. Analog gibt es immer schon eine Meinung zu einem Sachverhalt. Diese Vorannahmen muss man sich bewusst machen, um sie zu kontrollieren. Gadamer meinte, dass gerade dadurch Verstehen ermöglicht werde. Die Vorannahmen gehörten zum Vollzug des Verstehens selbst, müssten auf Legitimation, Herkunft und Geltung überprüft werden. Doch der Interpret darf dabei nicht stehen bleiben. Weil Verstehen ein herkunftsgeschichtlicher Vorgang sei, spiele auch die Tradition eine Rolle. Wenn wir aus unserer historischen Distanz eine historische Erscheinung zu verstehen suchen, unterliegen wir immer der Wirkungsgeschichte. Sie bestimmt, was uns als fragwürdig und als forschungsrelevant erscheint.[68]

Das Gewicht der Tradition

Verstehen sei nur möglich, wenn der, der verstehen will, mit der Tradition verbunden sei, die aus der Sache spreche. Das Verständnis des Auslegenden muss aus dem Sprachgebrauch der Zeit gewonnen werden, dieser sei darum grundlegend. Wer nichts über die Sprache und die Tradition der Dokumente wisse, werde Schwierigkeiten haben zu verstehen. Wer den Anschluss an die Tradition verliere, könne sich den Text nur noch im Verständnis der Gegenwart erschließen. Das aber reiche nicht aus.

Der Interpret steht an einem Standort, der seine Welt ist, von (s)einem subjektiven Horizont umschlossen. Wer den anderen verstehen möchte, müsse sich zugleich in den Fragehorizont der Überlieferung, in den des Anderen und ggf. vorhandener Interpretationen zu bringen suchen. Der Horizont der Gegenwart konstituiert sich nicht ohne den der Vergangenheit und dieser, der einer anderen vergangenen Subjektivität, wird eingebracht und »verschmolzen«. Man kann den Horizont wie die Subjektivität erweitern, transzendieren. Doch eine solche Konvergenz ist nur annäherungsweise möglich, Objektivität gar nicht. Für den Interpreten wird Überlieferung in ihrem Sinn verständlich, wenn er sich den Fragehorizont des Textes erarbeitet hat. Daraus ergeben sich die möglichen Fragen, die man an die Überlieferung stellt.[69]

Kreativität und Perspektive

Die Kreativität des Historikers liegt demnach darin, Fragen zu entwickeln und zu stellen. Historische Forschung ist nicht nur Darstellung des Gewesenen, sondern Vermittlung von Überlieferung. Jedes Forschungsinteresse ist durch die jeweilige Gegenwart und ihre Interessen motiviert. Die Fragestellung konstituiert Tenor und Gegenstand. Historische Forschung weist ihr Niveau in den Fragen und Methoden aus, mit denen sie ihre Gegenstände konstituiert. Ihr Fortschritt besteht darin, ihren Horizont und die Möglichkeit des Fragens zu erweitern. Interpretieren ist nach Gadamer eine Aktivität, die mit dem Gebrauch der Sprache gegeben ist. Wer sich in Sprache äußert, will verstanden werden und wer verstehen will, muss interpretieren. Das Hineinversetzen in einen Autor oder seinen Text ist nicht möglich, der Abstand in der Zeit zwischen Text und Interpret kann nicht überbrückt werden.[70]

Der Historiker soll sich statt dessen in die Perspektive versetzen, unter der der Andere seine Meinung gewonnen hat und das, was er sagt, gelten lassen; dabei die Sinnhaftigkeit des Gesagten unterstellen. Dessen Argumente sind, wenn wir ihn verstehen wollen, sogar noch zu verstärken. Wir müssen den Anderen in seiner Andersheit anerkennen. Dann werden wir auch den Anspruch aufgeben, in der Überlieferung eine gültige Wahrheit für uns selbst zu finden.

Das Verstehen kommt also nie an ein Ende, es ist bedingt durch die Überlieferung und die Kultur, aus der der Interpret spricht. Deshalb kann der Historiker auch niemals von sich selbst absehen. Durch die Interpretation verändere sich nicht nur der Text, auch der Interpret, wenn er sich vom Text etwas »sagen lasse«. Interpretieren ist ein zweiseitiger Prozess nach dem Modell eines unendlichen Gespräches.[71]

Die Bedeutung eines Textes stellt das Produkt aller früheren Interpretationen dar. Die Suche nach der ursprünglichen Bedeutung eines Textes ist sinnlos: Auf Grund des zeitlichen Abstandes ist es für uns unmöglich, einen solchen Text durch die Brille seines Verfassers zu sehen und etwa wie ein Grieche oder Römer zu verstehen. In diesem Sinn ist die Interpretation je ihrer Zeit verhaftet. Die aufeinander folgenden Interpretationen sind auch nicht so sehr besser als vielmehr unterschiedlich.

Brüche und Widersprüche

Gadamers Theorien stießen auf verschiedene Kritik – etwa seine Annahme, dass die Geschichte ein ungebrochenes Kontinuum bilde, frei von entscheidenden Brüchen, Konflikten und Widersprüchen. Geschichte, so monierte der britische Literaturtheoretiker Terry Eagleton (*1943) , ist bei Gadamer nicht ein Ort des Kampfes, der Diskontinuität und der Ausgrenzung, sondern eine ununterbrochene Folge, ein »immer währender Strom (...) historische Unterschiede werden tolerant« zugestanden. Gadamer komme »nicht mit dem Problem der Ideologie« zurecht, etwa dass der »nie endende Dialog« der menschlichen Geschichte oft genug der an »die Machtlosen gerichtete Monolog der Mächtigen« ist. In Summe, so Eagleton weiter, handele es sich um eine »ungeheuer selbstzufriedene Geschichtsauffassung, die Projektion einer Sichtweise« vor allem »auf die klassischen Monumente der deutschen traditionellen Hochkultur«.[72]

Mehrfache Nachahmung

Paul Ricoeur (1913–2005) kannte die Kritik an Gadamer. Er versuchte in einer vermittelnden Position eine umfassende narrative Hermeneutik zu entwerfen. Das Kernstück bildet die Konzeption einer dreifachen integrativen Mimesis, wie er sie unter Verwendung des griechischen Begriffs für »Nachahmung« nannte. Er nimmt drei Ebenen an: Jede Geschichte verweise auf ein Vorher (Mimesis I), eine »öffentliche Lebenswelt des Handelns«, die noch keine erzählte Geschichte sei. Dieses Vorher sei aber »bereits in Ansätzen narrativ organisiert«, besitze eine »pränarrative Struktur«. Die Komposition einer expliziten, prinzipiell offenen Geschichte (Mimesis II) sei die schöpferische Leistung eines Autors, die eine neue und eigenständige Perspektive auf die Wirklichkeit erzeuge. Sie müsse sich aber an etwas dem Prozess Vorgängiges, also an Mimesis I, anschließen. Die explizite, erzählte Geschichte (Mimesis II) finde erst in der Rezeption ihr eigentliches Ziel (Mimesis III). Der Rezeptionsvorgang thematisiere und konkretisiere immer schon vorhandene Ansichten. Letztlich münde er in die Lebenswelt der Rezipienten ein, führe die pränarrativ angelegten Strukturen fort, stabilisiere sie, variiere sie aber auch. Eine Erzählung sei demnach stets eine Vermittlung zwischen gewöhnlichen kulturellen Standards und außergewöhnlichen Abweichungen davon, ein komplexes Zusammenspiel von Tradition und Innovation. Die drei Formen der Mimesis schließen sich zur zeitlichen Einheit eines kreisförmigen, aber sich ständig weiterentwickelnden Kulturprozesses zusammen.

Gleichheit der Natur

Ein zentrales Element der historistischen Hermeneutik bildet die spezifisch historische Anthropologie der Kultur. Jenseits aller geschichtlichen Trennungen von Vergangenheit, Gegenwart und Zukunft sei es doch jeweils möglich, vergangenes Geschehen zu verstehen. Dahinter steht wieder einmal die Annahme einer universellen, gleich bleibenden menschlichen Natur samt analogen kulturellen Strukturen, die so Verstehen möglich machen. Hier sind nicht materielle Triebkräfte in der Geschichte am Werk, sondern kulturelle, unabdingbar für das Verstehen von Mentalitäten. Eine historische Erzählung ordnet und hängt ausgewählte Phänomene aus der Vergangenheit aneinander, erzeugt damit eine kulturelle Sinnstruktur (Mimesis II). Sie schließt an vorgegebene Realitäten an (Mimesis I), wirkt kulturell auf die Lebenswelt, die Identität und das Handeln der Hörer/Leser ein (Mimesis III). So entsteht ein »Narrativer Zirkel« und damit die Verknüpfung von Vergangenheit, Gegenwart und Zukunft.

Kulturbedeutungen

Auch Max Weber (1864–1920) wurde vom Historismus geprägt. So meinte er, zum Nutzen der Gegenwart seien die »einmaligen« und »einzigartigen« historischen Prozesse in »ihrer »Kulturbedeutung« zu zeigen.[73] Ein je gegenwärtiges Interesse gehe jeder historischen Interpretation voraus; diese dürfe keine »bloße« Beschreibung vorgefundener Tatsachen sein. Doch ihm waren auch die Probleme dieses Ansatzes ersichtlich. Darum suchte er, das »Verstehen« zu reflektieren und mit Methoden rational-kausaler Erklärung zu verbinden. Für ihn war wissenschaftliche Erkenntnis immer kausale Erklärung, weil sie mit Begriffen und »Erfahrungsregeln« und nicht mit unmittelbar erfahrbaren Ereignissen zu tun habe. Die Geschichte war demnach vergangen. Die Verwendung universellerer Regeln sollte mit der Formulierung von heuristischen Hypothesen einhergehen, die aus empirischem Material gebildet, am historischen Material ihre Gültigkeit zu erweisen hätten. Solche Hypothesen dienten zur Interpretation, um die Bedeutung der Ereignisse zu erfassen.

Idealtypus

Dafür schlug Weber die Bildung von Typen, Schablonen vor, die Vergleichsmöglichkeiten bieten sollten – »Idealtypen« wie »die mittelalterliche Stadt«. Dies sind Gedanken-Konstrukte, auf Grund »einseitiger Steigerung« bestimmter Aspekte der damit zu erfassenden Wirklichkeit entwickelt. Sie finden sich nicht in der historischen Realität, stellen ein heuristisches, »rein logisches Hilfsmittel« dar, um zu verstehen, um zu vergleichen, ein Gesamtbild zu ergeben.[74]

Der zweite große Bereich hängt mit dem Bezug auf Werte zusammen. Hier war der Historismus in einen Relativismus geraten. Weber wollte »zwischen Wertung im eigentlichen Sinne und logischer Beziehung auf »Werte« (...) unterscheiden«. So ergab sich für ihn das »Problem der Objektivität und der Werturteilsfreiheit der Kultur- und Sozialwissenschaften«.[75] Es ging Weber darum, »wie sich im Bereich der Kultur- und Sozialwissenschaften individualisierende historische Urteile und generelle Aussagen sinnvoll miteinander kombinieren lassen«. Denn: »Wo selektiert und begriffen wird, herrschen Regeln, mit denen die wahrgenommenen Gegenstände in eine Ordnung gebracht werden. Was zu einem »wissenschaftlichen Gegenstand« wird, entscheidet der Historiker selbst, indem er sich dazu entschließt, einer Sache Bedeutung beizumessen.[76] Auch hier erweist sich der Einfluss historistischer Vordenker. Für Weber ist: »alle Erkenntnis der Kulturwirklichkeit (...) stets eine Erkenntnis unter spezifisch *besonderen* Gesichtspunkten«.

Kultur und ihre Werte

Der Historiker muss Wichtiges von Unwichtigem unterscheiden und dafür die erforderlichen Kriterien besitzen. Das bedeute, einen Bezug zu universellen »Kulturwerten« herzustellen und danach die bedeutsamen Zusammenhänge herauszuheben.[77] Ein Forschungsgegenstand komme durch eine subjektive Auswahl zustande, dahinter wirkten freilich Faktoren kultureller Konditionierungen durch die jeweilige Gesellschaft. Diese Faktoren werfen eigentlich die interessanten Fragen auf, die abhängig von ihr auch wechseln, sich ändern wie eine Gesellschaft auch.

Die Forschung kümmert sich sonach nur um diejenigen Bestandteile der Wirklichkeit, die irgendeine Beziehung zu Vorgängen von Kulturbedeutung haben. Und nur Fragen, denen so eine aktuelle Bedeutung zugemessen wird, finden wissenschaftliches Interesse.

Für Weber bildet den Ausgangspunkt, dass »wir Kulturmenschen sind, begabt mit der Fähigkeit und dem Willen, bewusst zur Welt Stellung zu nehmen und ihr einen Sinn zu verleihen«. Was dieser auch individuell sein mag, er liefert Beurteilungskategorien und positive oder negative Stellungnahmen. Das erweist, dass diese Erscheinungen für uns Kulturbedeutung, damit wissenschaftliches Interesse haben. Das kann breit gefächert sein: »Eine Kulturerscheinung ist die Prostitution so gut wie die Religion oder das Geld, alle drei deshalb und nur deshalb und nur soweit, als ihre Existenz und die Form, die sie historisch annehmen, unsere Kulturinteressen direkt oder indirekt berühren, als sie unseren Erkenntnistrieb unter Gesichtspunkten erregen, die hergeleitet sind aus den Wertideen, welche das Stück Wirklichkeit, welches in jenen Begriffen gedacht wird, für uns bedeutsam machen«.[78]

Auswahlkriterien

Ein Historiker sucht demnach seine Untersuchungsgegenstände aus seinem Interesse und nach bestimmten vorgegebenen Auswahlkriterien – nach der Bedeutsamkeit. Er mißt bestimmten Fragen so viel Wert zu, dass er sie stellen und beantworten will. Aus dem endlosen Material muss eine Selektion getroffen und diese begründet werden: Kulturwissenschaften suchten die Lebenserscheinungen in ihrer Kulturbedeutung zu erkennen. Die Bedeutung der Gestaltung einer Kulturerscheinung und der Grund dieser Bedeutung setzt deren Beziehung auf Wertideen voraus. Der Begriff der Kultur ist selbst ein Wertbegriff. Was aber für uns Bedeutung hat, eine Untersuchung wert ist, muss reflektiert und festgelegt werden, ohne auf irgendwelche Gesetz rekurrieren zu können.[79]

Wertung und Moral

Zum anderen ergab sich beim Historismus das Problem der Bewertung der »Handlungen historischer Subjekte«. Doch diese können nicht, wie eine »naive« zeitgenössische »Meinung« vertrete, »dem Stoff selbst« entnommen werden. Hier erfolgt also eine deutliche Wendung Webers gegen den Historismus. Welche Moral wann und wo zu gelten habe, sei von keinem Standpunkt aus entscheidbar. Weber lehnte damit einen metaphysischen Bezug für das Handeln der Menschen und deren Beurteilung in der Geschichte ab. Der Historiker könne allenfalls entscheiden, ob eine Handlung der Vergangenheit den selbst gesetzten Prämissen der Akteure entsprach und in diesem Sinne rational war.[80]

Für Weber lag es »jenseits« der Aufgabe der Wissenschaft, nach einem »Sinn« der Weltgeschichte zu fragen. Er wollte keine materiale Geschichtstheorie entwickeln, sondern lediglich ein »begriffliches Instrumentarium« bereitstellen, um dem Einzelnen die Möglichkeit zu rationaler Orientierung in seiner Gegenwart auch von anderen Wertstandpunkten aus zu geben. Für Weber war es nicht mehr möglich, universale, abbildhafte Entwürfe der Weltgeschichte zu konzipieren, die Anspruch auf Wissenschaftlichkeit erheben könnten.[81]

Später wurde kritisiert, es sei nicht nachvollziehbar, dass Weber diese Wertbeziehung so grundlegend für das Geschichtsinteresse hielt. Der Kern des Problems läge in der Unterscheidung zwischen Singularem und Spezifischem. Doch das sei alltäglich. Wer uns gleichgültig ist, existiert für uns eigentlich nicht recht. Damit stand der Vorwurf der Banalität gegen Weber im Raum.[82] Auch brächten die Idealtypen das Verstehen fremder Lebensäußerungen um keinen Schritt weiter, lautete die Kritik. Sie sollen Begriffe sein, an denen die Wirklichkeit gemessen wird. Aber wie solle die Existenz einer objektiven Wirklichkeit erwiesen werden, wenn nichts über sie gesagt werden kann? Die Verwendung von Idealtypen sei nur sinnvoll, wenn wir eine objektive Wirklichkeit annehmen, auf die sie sich beziehen können. Wie aber kann über die Erkenntnis und Wirklichkeit noch etwas gesagt werden, wenn die Wirklichkeit nicht zugleich als eine Konstruktionsleistung der Begriffe verstanden wird? Weber hatte das selbst erkannt, aber keine Lösung gefunden. Die Idealtypen, an denen die Wirklichkeit gemessen werden soll, wurden am Ende für die Wirklichkeit selbst gehalten. Letztlich hat Weber diese Probleme des Historismus nicht überwunden.[83]

Nutzen, Nach- und Urteile

In seiner Schrift: *Vom Nutzen und Nachteil der Historie für das Leben* (1874) wandte sich Friedrich Nietzsche (1844–1900) gegen die »dekorative Kultur« des Historismus, die das Leben überwuchere, gegen die theologische wie hegelianische teleologische Sinndeutung der Geschichte und gegen die zunehmende Politisierung, Ideologisierung der menschlichen Vorstellungswelt. Ein so betriebenes Studium der Vergangenheit lösche das Leben aus und stumpfe die schöpferische Kraft ab. Die historistische Wissenschaft mache das, was groß erscheint, klein, relativiere die Urteile, vereitele die Tröstungen. Der Nachteil solchen historischen Wissens überwiege bei weitem seinen »Nutzen«. Es gehe darum, die gegenwärtige Generation von der Übermacht überlieferter Vorbilder, Denkmuster und Normen zu befreien, dazu bedürfe es einer kritischen »Historie«. Die anderen Arten der Geschichtsschreibung wiesen ebenfalls überwiegend Schwächen auf, würden aber von Zeit zu Zeit zum Zweck des »Lebens« gebraucht.[84] Die »antiquarische« Geschichtsschreibung pflege »das Kleine, Beschränkte«, verbreite ein »einfaches, rührendes Lust- und Zufriedenheits-Gefühl«. Das Alte werde mit »Ehrfurcht« hingenommen, das Neue abgelehnt. Die Sammelwut lähme, allenfalls sichere sie die Bewahrung der geschichtlichen Ursprünge und der Tradition.[85] Die »monumentalische« Geschichtsschreibung bewahre die Erinnerung an die Größe der Vergangenheit, ermutige, wenn sie den Beweis liefere, dass das »Große, das einmal möglich war und deshalb auch wohl wieder einmal möglich sein wird«, richte aber »in falschen Händen Schäden« an. Lediglich die »kritische«, reflexive Geschichtsschreibung eröffne dem Leben eine neue Perspektive als Bewusstmachung der Irrtümer und Schrecknisse des Menschen, als Enthüllung, dass die Vergangenheit mit einer nicht wieder gutzumachenden Summe von Schicksalsschlägen auf uns laste.[86]

Selbsttäuschungen

Nietzsche hat die Grundlage einer metaphysisch fundierten Moral des »Guten an sich« zerstört. Der Anspruch moralischer Normen auf Allgemeingültigkeit und der Anspruch der Religion auf Absolutheit stellt sich als eine Selbsttäuschung der Noch-Gläubigen heraus. Aus dem geschichtlichen Prozess lasse sich kein übergreifender Sinn ziehen, ein Fortschritt im Sinne einer objektiven Geschichtslogik existiere nicht, ebenso wenig ein geschichtsimmanenter Telos. Der Fortschrittsglaube des 19. Jhd. wird als Ideologie durchschaubar. Damit sind die metaphysischen Rückbezüge wie überhaupt die Dogmen der Anhänger des Historismus erledigt und als Ideologie herausgestellt. Die Arbeiten von Troeltsch und Meinecke können auch als Rekurs auf diesen Frontalangriff gesehen werden.[87]

Metaphernwelt

In den ersten Aufzeichnungen *Über Wahrheit und Lüge im außermoralischen Sinn* von 1872 hat Nietzsche weitere wichtige Denkanstöße geliefert. Darin findet sich die Erkenntnis, die Wahrheit nur als »ein bewegliches Heer von Metaphern, Metonymien, Anthropomorphismen, kurz als eine Summe von menschlichen Relationen« zu sehen. Wahrheit »an sich« gäbe es nicht, sie ist immer sprachlich vermittelt und subjektiv. Wir glauben zwar etwas »von den Dingen selbst zu wissen (...) und besitzen doch nichts als Metaphern der Dinge (...), die wir »als die Dinge selbst« nehmen. Wir meinen, die Sprache bezöge sich auf die Struktur der Realität, doch wir finden und haben nur noch Interpretationen, keine Tatsachen mehr. Denken vollzieht sich in abstrakten sprachlichen Relationen. Der Mensch vergisst sich unkritisch in der Metaphernwelt, sieht sich dabei – fälschlich als Subjekt – dies erweist sich als Fiktion.[88] Der Psychoanalyse Freuds ist damit ein entscheidendes Motto vorgegeben.

Eine Universaltheorie

Sigmund Freud (1856–1939) vertrat die Meinung, dass die Zukunft der Psychoanalyse im Studium der Geschichte, der Anthropologie und der Sozialwissenschaften liege. Er wollte eine umfassende Theorie vergangener und gegenwärtiger Kultur sowie Erkenntnis über die individuell und kollektiv internalisierten Opfer entwickeln, welche die Kultur als Preis ihres Erhalts den Individuen abforderte. Den Prozess der Kultivierung sah er als einen des Fortschritts – aber auch der Entsagung. Er meinte, seine Erkenntnisse über psychische Prozesse und Strukturen würden zu besserem historischen Verstehen führen. Doch ihm gelang keine »kohärente, einheitliche Theorie, welche die Ableitung allgemeiner Gesetze aus empirischen Aussagen ermöglicht und in einem einzigen entscheidenden Versuch ihren endgültigen Nachweis findet«. Freud erstellte freilich »eng aufeinander bezogene, oftmals sich wechselseitig stützende Thesen, die von empirischen Feststellungen über begrenzte Allgemeinurteile bis zu umfassenden Theorien über das Seelenleben reichen«.[89]

Die Grundlagen des Lehrgebäudes sind die Begriffe: Psychischer Determinismus, Allgegenwart der Triebwünsche, das dynamische Unbewusste. Als seine Erkenntnisleistungen kommen hinzu: die Entdeckung der infantilen Sexualität, die Arbeit der Verdrängung.

Das Ende der Herrschaft der Vernunft

In unserem Kontext wird die Abkehr vom Subjektbegriff der Aufklärung bei Freud wesentlich. Das Individuum sah er nicht mehr als Sitz einer universellen Vernunft und Moral an. Die Vernunft ließe sich nicht von den kontingenten Erfahrungen trennen. Menschliches Handeln wird nicht von einem einzigen Zentrum her dirigiert, sondern von dreien: dem Verstand (Ich), dem Trieb (Es) und dem gesellschaftlichen »Gewissen« (Über-Ich). Letzteres vertrat »Tradition und Idealbildung der Vergangenheit«[90], stellte die gesellschaftlich gewordenen und gesetzten Normen und Tabus den Trieben des Individuums entgegen; damit das Realitäts- dem Lustprinzip. Beider Auseinandersetzung geschieht im Unbewussten. Das Verdrängte wollte Freud entschlüsseln, an die bewusste Oberfläche holen, unterhalb lag der latente Sinn verborgen.

Damit ist aber das Prinzip der Vernunft, die endlich zu sich komme, die Weltgeschichte als »vernünftiger« Prozess abgetan. Es ist auch bei Freud der Mensch, der Geschichte macht. Durchaus materialistisch geht es nicht mehr nur rational zu. Die Vorstellung von einem rationalen, restlos durchschauten und konsequent verfolgten Handeln aus Eigeninteresse, wie vordem angenommen wurde, stellt hier nur eine Abstraktion dar. Das Eigeninteresse wie daraus resultierende Handlungen stehen im Spannungsfeld dreier »zumeist feindlicher Kräfte«: der Außenwelt (die konkurrierende Interessen bereithält), dem Über-Ich (das kontrolliert, zensiert) und dem Es (mit dauernden Triebwünschen).

Kulturtheorie

In diesem Spannungsfeld geschieht auch Geschichte, hier lässt sich Freuds Kultur-Theorie einbringen, mit dem Ausgangspunkt des »Unbehagens in der Kultur« – so der Titel seiner Schrift von 1929/30. Danach wollen die Menschen im Leben glücklich werden und so bleiben. Es ist das Programm des Lustprinzips, das den Lebenszweck setzt. Doch die Absicht, dass der Mensch, glücklich sei, fehle im Plan der Schöpfung. »Das Leben, wie es uns auferlegt ist, ist zu schwer für uns, es bringt uns zu viel Schmerzen, Enttäuschungen, unlösbare Aufgaben«. Unter dem »Druck der Leidensmöglichkeiten« ermäßigen »die Menschen ihren Glücksanspruch, wie ja auch »das Lustprinzip (...) zum bescheideneren Realitätsprinzip« umgebildet wird. Die Kultur sei auf Triebverzicht aufgebaut. »Kulturversagung« beherrscht das große Gebiet der sozialen

Beziehungen der Menschen. Denn auf Grund der »Aggressionsneigung« sei »die Kulturgesellschaft beständig vom Zerfall bedroht« und ebenso sind es auch die zwischenmenschlichen Bindungen. Darum muss die Kultur Schranken setzen, den Aggressionstrieb unschädlich machen.[91]

Der Text des Unbewussten

Wenn wir also Erklärungen vernehmen (Quellen lesen), stellen diese den »offiziellen Text« dar, den die »Individuen unter der Herrschaft des Realitätsprinzips und seiner Anforderungen produzierten«. Doch daneben gebe es noch einen zweiten, welcher der Logik des normalen Denkens und Bewusstseins unzugänglich bleibe – den »Text« des Unbewussten. Doch auch dieser bringt sich zum Ausdruck (ebenfalls in Quellen), das geschieht in anderer Form – und durchaus auch in der von Lücken! Dann wird nichts berichtet. Die vorhandene Leerstelle muss dann der Historiker erkennen! Ursächlich dafür sind die psychischen Abwehrmechanismen. Viele Wünsche werden als Bedrohung für die gute Meinung von sich selbst, der gewünschten Liebe und Anerkennung, insgesamt für das Überleben in der Gesellschaft empfunden. Konflikte existieren, doch statt sie auszutragen, werden sie vermieden, beschwichtigt und niemals ganz gemeistert. So gelingen allenfalls unsichere Kompromisse, instabile Ausgleiche.

Manches passt eben nicht in einen Text, kann nicht direkt gesagt werden. Das erfordert dann aber eine andere Methode der Analyse und Interpretation durch die Historiker. Es erfordert ferner einen »Blick für kollektive unbewusste Fantasien, die den verschiedenen ausgeprägten Kulturen zugrunde liegen«, ebenso wie für »das machtvolle, weitgehend verborgene Wirken der Sexual- und Aggressionstriebe« als »Energiequelle des Handelns«, welche »die objektive Wahrnehmung infiltrieren und verzerren«.[92]

Die Frage bleib für Freud bestehen, ob psychische Kräfte und Vorgänge letztlich allein determinierend hinter geschichtlichen Ereignissen stünden, ob nicht auch ökonomische Faktoren bestimmend seien und wie das Verhältnis beider zueinander zu sehen sei.

Vergessen und Erinnern

In seiner Erinnerungstheorie, die aus seiner ärztlichen Beschäftigung mit der Hysterie entstand, setzte sich Freud vor allem mit »unbewussten Vorstellungen« auseinander, die auf die Psyche einwirkten. Aus zunächst wirkungslosen Eindrücken der Vergangenheit würden wirksame traumatische Erinnerungen in der Gegenwart. Die Erinnerungen sind keine Abbilder der vergangenen Wirklichkeit, sondern eine »phantasieorientierte Konstruktion« auf der Basis von Erlebnissen. Ein aktuelles Ereignis verändert die Speicherung der ursprünglichen Eindrücke. Wenn sich diese in Erinnerung verwandeln, verändert sich zugleich die Interpretation des früheren Ereignisses. Dieses und somit die Vergangenheit wirken sich so immer noch aus. Was erinnert wird, stellt eine »Re-Interpretation subjektiver Erfahrung« dar. Dieselbe Vergangenheit wird jeweils aktuell erinnert und gedeutet. Wie die Geschichte dann erzählt, interpretiert wird, hängt davon ab, wer man gerade ist oder sein möchte, wie man über sich und die eigene Vergangenheit denkt. Dies alles beeinflusst Sichtweise und Erleben der Gegenwart. Von der aus gesehen erfolgt beim Rückblick eine Neuinterpretation, wobei Ursache-Wirkung-Bezüge, also Kausal-Erklärungen hergestellt werden. Dabei wird die vergangene Erfahrung neu interpretiert und meistens nachträglich um- oder neu geschrieben.[93] Die Erinnerung erfolgt immer in der Gegenwart, die Vergangenheit wird von da aus entsprechend entworfen. Nachträglich wird sie zu einer Geschichte, von der der Erzähler glaubt, sie sei immer schon so gewesen. Doch bei jedem Erzählen, bei jedem anderen Kontext, ändert sich die Erzählung. Der Mensch »bastelt« sich also seine Vergangenheit nach den Erfordernissen des Augenblicks, in dem sie erzählt wird. Entsprechend variabel fällt sie aus. Sie wird nie die gleiche sein, ändert sich mit den Jahren, dem Selbstbild, den Erfahrungen, der Rezeption. Damit aber stellt sich auch der prägende gesellschaftliche Einfluss auf die Erzählungen ein.[94]

Die Freudsche Psychoanalyse stieß auf heftige Kritik, auf die hier nicht einzugehen ist. Freuds Lehre basierte auf dem Fortschrittsglauben des 19. Jhd.: mit tieferem Wissen, besserer Einsicht, sowie rationalem menschlichen Handeln seien Fortschritte zu erzielen In der Geschichte wie in der Psychologie galt das Ursache-Wirkungsprinzip als der zugrundeliegende Mechanismus. Solchermaßen ablaufende Prozesse ließen sich verstehen. In der Vorgeschichte der individuellen psychischen Entwicklung lägen die Ursachen für Seelenkrankheiten, die sich durch entsprechende Methoden bewältigen lassen.

Psychohistorie

Freuds Einfluss auf die Geschichtswissenschaft war zunächst bei der Psychohistorie am sichtbarsten. Die Werke von Kurt Eissler über Goethe

(1963), Erik Erikson über Luther (1975) und Helm Stierlin (1983) über Hitler sind als Beispiele zu nennen.[95] Letzterer zeichnete die spezifische und doch damals so typische Sozialisation Hitlers nach und stellte sie in einen Zusammenhang mit seiner späteren öffentlichen Wirkung als charismatischer Führer. Weitere Versuche in dieser Richtung gab es kaum. Der Grund dafür war weniger, dass hinter der Psychohistorie ebenfalls ein Konzept von den »Großen Männern« steckte, die Geschichte machten. Vielmehr lassen sich trotz aller Eloquenz eines psychohistorisch argumentierenden Historikers wie Peter Gay (*1923) die Quellenprobleme nicht wegdiskutieren. Wenn wir aus quellenarmen Zeiten z.B. nur einen Text ohne soziale und biographische Kontext-Informationen vorliegen haben, konnte bislang nicht gezeigt werden, wie dieser psychohistorisch valid analysiert und interpretiert werden kann. Doch auch in für solche Zwecke quellenreicheren Epochen fehlen überzeugende Beispiele psychohistorischer Studien. Das mag damit zusammenhängen, dass den Historikern in der Regel eine entsprechende Zusatzausbildung fehlt und sie daher allzu leicht in eine wenig fundierte Vulgärpsychologie abgleiten. Eine produktive Weiterführung psychohistorischer Ansätze ist erst ab ca. 1970 in kulturtheoretischer Perspektive zu sehen. Themen wie Identität, Darstellung, erzählte Geschichte kamen auf und wurden vielfach zunächst im Rahmen der Frauen- bzw. Geschlechtergeschichte abgehandelt.

Hinterfragung dunkler Texte

Jacques-Marie Lacan (1901-1981) bezog sich auf Freud. Er wollte eine »Rückkehr« zu ihm vornehmen, dessen Modell durch Einsichten aus dem Strukturalismus erweitern. Lacan suchte die Hinterfragung menschlicher Denk- und Sprachgewohnheiten, die Aufdeckung der »Rede« des Unbewussten voranbringen. Die Phänomene der Sprache, gedacht als komplexes Zusammenwirken gleichzeitiger Elemente (Synchronie), blieben im »Unbewussten«, dem menschlichen Bewusstsein weitgehend entzogen. Das Selbstbewusstsein weise eine imaginäre Struktur auf. Das Ich ist nicht das Ich – hinter dem Ich, das sich weiß und sich denkt – kommt ein anderes Subjekt psychoanalytisch hervor. Dies hat seinen wahren Ort im Unbewussten. In seinem grundlegenden Aufsatz zum »Spiegelstadium« (*Das Spiegelstadium als Bildner der Ichfunktion*, 1949) schreibt Lacan, dass ein Kleinkind im Alter von sechs bis acht Monaten beim Blick in den Spiegel das Bild seiner selbst erkennt. Er schloss daraus, dass das Selbst nicht im Subjekt, sondern außerhalb »im Anderen« als eine nur imaginäre Einheit entstehe. Das »Spiegelstadium« entginge der »Geschichtlichkeit«. Das narzisstische Ich werde in vorgegebene Diskurse hineingeboren, in vielstimmige Assoziationsströme, die von ihren eigenen Regeln des Ausschlusses, des Verbots etc. beherrscht werden. Als Beispiel für solche nennt er umfänglichere gesellschaftliche Diskurse wie Religion, Nationalität und Politik.

Lacan sah das Unbewusste wie eine Sprache und von ihr generiert. Er beschrieb es eher linguistisch und in Bildern als mit freudschen Triebbegriffen. Die Sprache vermittle die gesellschaftlichen Normen, die mit deren Erwerb übernommen werden. Sie ist immer schon da, wir werden in sie hineingeboren. Das hatte im Grunde schon Droysen formuliert. Die Sprache konstituiert die Subjekte, sie spricht uns, sie hat keine vorgeordnete Wirklichkeit, wird bestimmt durch Differenz, auch zu ihr. Sinn, Objekt, Subjekt entstehen erst nachträglich. Mit der Sprache, einer »symbolischen Ordnung«, werde das Ich zum Subjekt, doch dieses, so formulierte Lacan anschließend, sei »dezentriert«. Die psychische Entwicklung beginne mit einem ursprünglichen Seins-Mangel, mit der Leere der Nichtexistenz. Dieses produziere das »Begehren« – gerade nach »Einheit«. Das Ich sei eine defensive Reaktion darauf, eine imaginäre Konstruktion oder eine »Kristallisation von Bildern«. Es habe keine Grundlage in den organischen Trieben, daher solle man es als Objekt behandeln und nicht als Handelndes. Diese stellt eine Absage an den Ego-/Logozentrismus des Menschen dar. Das mündet in die Infragestellung des Subjekts und seiner Geschichtlichkeit sowie der Enthüllung der exzentrischen Sexualität des Menschen. Lacan griff auf Ferdinand de Saussure (1857–1913) wie auf Claude Lévi-Strauss (*1908) zurück. Er verließ die auch für die Historiographie wichtige Diachronie zugunsten der Synchronie.

Lacans Vorlesungen waren überlaufen. Er war eine Weile sehr »in Mode«. Doch wegen der gewollten Schwerverständlichkeit seines Jargons stießen diese Anschauungen auf Rezeptionsschwierigkeiten. Wie sie überhaupt in konkrete Arbeit einzubringen wären, blieb bislang offen.

Beziehung zum Strukturalismus

Bei Lacan zeigt sich eine Verbindung von Freudscher Psychoanalyse und Strukturalismus, denn beide konzentrieren sich auf die Tiefenschicht, der eine größere Bedeutung als der Oberfläche zukomme. Lacan griff

Freud auf, modifizierte das Freudsche Unbewusste nach strukturalistischen Paradigmen. Innerhalb der Traumarbeit würden latente Sinnstrukturen für unbewusste Wünsche zum manifesten Trauminhalt. Dabei sei ein Mechanismus der Verschiebung und Verdichtung am Gange. Der Sinn ist nicht mehr als feste Tiefenstruktur auffindbar. Der Inhalt wird an der Oberfläche der Wörter, im Straucheln des Sagens greifbar. Signifikat und Signifikant werden vollkommen voneinander getrennt. Nur über den Signifikanten entsteht Sinn. Das Zeichen wird vom Referenten getrennt. Der Rückgriff auf Saussure und seine strukturale Linguistik ist deutlich. So auch bei Claude Lévi-Strauss, der meinte, Sprache und andere kulturelle Produkte seien Zeichensysteme mit zugrunde liegenden Strukturen, die erforschbar wären. Er wollte die mentalen und kognitiven Strukturen des menschlichen Geistes entdecken, die er in allen Kulturen für gleich hielt. So ließen sich universale menschliche Denkprinzipien aufdecken. Nur deren unterschiedliche Manifestationen träten innerhalb der grundsätzlichen Opposition von Natur und Kultur zutage. Dafür untersuchte er Familien und Kleinstrukturen, Heiratsstrategien, Mythen. So erstreckte sich der strukturalistische Einfluss auf Linguistik, Ethnologie und Psychologie. Die gemeinsame Grundannahme lag darin, dass Phänomene nicht vereinzelt, sondern in Verflechtung existierten, eine aufdeckbare Struktur bildeten. Diese wiederum sei nicht unabhängig vom Beobachter, sondern werde von ihm in die Wirklichkeit hineingetragen. Logos läge in den Subjekten, nicht in den Objekten. Die Menschen zerlegten das Gegebene und konstruierten daraus die Welt und ihr Verständnis von ihr.

Wie der Begriff aussagt, geht es um Strukturen, länger laufende und langfristige Prozesse innerhalb einer Gesellschaft. Dazu können Wirtschaftsformen wie »Bedeutungssysteme« gehören. Diese gesellschaftlichen Verhältnisse wirken auf subjektive Absichten, mentale, kollektive Vorstellungen, Wertungen, Normen, Weltanschauungen oder Handlungen von Individuen oder Gruppen ein.

Der verknotete Mensch

Der Mensch gilt im Strukturalismus als ein »Knoten in einem Netz aus (symbolischen und sozialen) Beziehungen« (= Struktur) und von diesen determiniert. So wird er zum passiven Träger universeller Strukturen und ist diesen unterworfen. Bei Vertretern der Schule der *Annales*, (→ S. 42) mit ihrer spezifisch sozial-ökonomischen, demo- und geographischen Ausrichtung, ist der Mensch der Vergangenheit in solche anonymen Strukturen eingebunden.[96]

Die dabei angenommenen zugrunde liegenden allgemeinen Gesetze sollten untersucht werden. Diese »Bedeutungssysteme« wirkten sich wiederum auf die Sinngebung aus. Ein derartiger »Sinn« war nicht allen und überall gemeinsam. Was und wie »Sinn« zum Ausdruck gebracht werden konnte, hing von der unterschiedlichen Partizipation an Sprache oder Schrift ab. Das Individuum war mehr ein Produkt der primär vorgehenden Sprache als die Sprache ein Erzeugnis eines Sprechers. Die Art der Sprachkompetenz bedingte die Weltsicht, diese änderte sich mit der Sprache. Die Wirklichkeit wurde durch die Sprache hervorgebracht, nicht widergespiegelt. Sie beruhte auf den diversen Zeichensystemen, diese gliederten, strukturierten die Welt. Da aber die Beziehung zwischen einem Zeichen und seinem Referenten als willkürlich galt, endeten damit Entsprechungstheorien der Erkenntnis. Die dualistische Auffassung, wonach der Sprecher die Wirklichkeit als etwas Außenliegendes, als eine feststehende Ordnung der Dinge auffassen konnte, war hinfällig.

Der Strukturalismus blendete das reale Objekt (das menschliche Subjekt) aus. Übrig blieb ein frei schwebendes Regelsystem, welches das Subjekt ersetzte. Dies bedeutete auch das Ende der Frage, was der Verfasser eines Textes sagen wollte zugunsten der Überlegung, was der Text in bestimmten, veränderlichen Kontexten sage. Doch wegen der Wandelbarkeit des Kontextes konnte es keine verbindliche Textaussage mehr geben.

In der Geschichtswissenschaft stieß der Strukturalismus auf Ablehnung. Er galt als »haarsträubend ahistorisch«. Nichts »verschwand jemals, es veränderte nur seine Gestalt, indem es seine Relationen zu den anderen Elementen veränderte«. Es hieß, seine Gesetze des Denkens wiesen eine derart allgemeine Gültigkeit auf, dass mit ihnen nicht zu arbeiten war.[97] Der philosophische Strukturalismus wurde als »moderne Form objektiv-idealistischer Geschichtsauffassung« angesehen. Terry Eagleton fragte sich, ob dabei nicht eine Version der klassischen idealistischen Doktrin vorliege: das Sein wird vom Bewusstsein konstituiert, in diesem Kontext wesentlich von der Sprache.

Die Zeichenprodukte

Eine Anzahl von Philosophen, wesentlich in Frankreich, entwickelten zwischen 1960–1980 den Strukturalismus weiter; darunter Jacques Derrida (1940 – 2004), Michel Foucault (1926 – 1984), Jean-François Lyotard (1924 – 1998), Roland Barthes (1915 – 1980), Jean Baudrillard (1929 – 2007), Lacan. Der Einfluss von Linguistik und Semiotik war sehr stark ausgeprägt. Aus einer rigorosen Semiotisierung der Welt und der Wissenschaft wurden spezifische Theorien entwickelt. Dabei erfolgte ein wesentlicher Rückgriff auf die Zeichentheorie von Saussure.

Das poststrukturalistische Subjekt ist »im tiefsten Inneren« ein Zeichenprodukt, ein in der Sprache gefangenes und durch Sprache, im weiteren Sinne durch Kultur, definiertes Wesen, ohne Ursprung und ohne Einheit. Als der Logik der Sprache unterworfenes Subjekt ist es unweigerlich ein eminent literarisches. Realität wird als ein künstlich erzeugtes Produkt verstanden, somit als inhärent fiktiv. Wollte der Strukturalismus aus verschiedenen Oberflächenstrukturen eine Tiefenstruktur abstrahieren und somit aus verschiedenen Texten eine allgemeine Bedeutung destillieren, so wollte der Poststrukturalismus eine solche Trennung als obsolet erweisen. Seine Akzeptanz fand er am ehesten noch in der Literatur-, weniger in der Geschichtswissenschaft. Seine praktische Nutzbarkeit wäre immer noch zu erweisen.

Weltbilder

Will man die vom Ende des Historismus bis zur Postmoderne formulierten geschichtstheoretischen Erkenntnisse kurz resümieren, dann verfügt jeder einzelne Mensch über seine Welt, samt Vorstellungen, die zu einem guten Teil nicht nur unbewusst, sondern auch unterdrückt sind. Die Beziehungen zu anderen Menschen werden ebenso mit Bildern und Wünschen aus dem Unbewussten gestaltet. Gesellschaft und Politik werden nicht nur von bewussten Interessen und erkannten Notwendigkeiten bewegt, sondern auch von unbewussten Motiven, Ängsten und unausgesprochenen Erinnerungen. »Traumata« seien unausweichlich. Diese führten dann zu politischem Wechsel, Instabilität und Repressionen.

Die Rationalität menschlichen Denkens und Handelns scheint reduziert auf bestimmte Lebensbereiche. Der Mensch lebt jenseits davon in einem Umfeld tradierter kultureller Mythen und Archetypen, die auf ihn einwirken, wie auch die ihm vorgängige Sprache. Das bedeutet bei der konkreten geschichtswissenschaftlichen Arbeit die verborgenen Motive, welche die Wahl eines Themas oder Zeitabschnitts, die Auswahl und Interpretation, die Wertung der Fakten bestimmen, den gesellschaftlichen Rahmen genau zu analysieren. Es wäre demnach zu bedenken, wie

Konventionen, Denkweisen und Verbote, Kultur, Triebe, verborgene Wünsche und vage Ängste sich auf menschliches Handeln auswirken.

In diesen Kontext sind der Feminismus bzw. jetzt die *gender studies* zu stellen. Grundannahme dabei ist, dass »gender« als soziales Geschlecht nicht kausal mit dem biologischen Geschlecht (*sex*) verknüpft ist, sondern als kulturelle Interpretation des Körpers zu verstehen sei. Diese weise dem Individuum via *gender* eine Identität und Rolle zu spezifischer Zeit und Position innerhalb einer gesellschaftlichen Ordnung zu. Die jeweilige Kultur mit ihren Codes mache die Unterscheidungen zwischen Mann und Frau, zwischen Männlichkeit und Weiblichkeit. Unterschiede wären demnach auch gesellschaftliche Konstrukte. Als gesellschaftlich-kulturelle Phänomene seien sie wandelbar wie Untersuchungen von Repräsentationen und Interpretationen des Körpers zeigen. Im Anschluss an dekonstruktivistische Positionen galt Geschlechtsidentität wiederum als Effekt sprachlich-differentieller Prozesse (Judith Butler).

Kultur und Kulturbegriff

Der Einfluss des *linguistic turn* (→ S. 86f.) und des Poststrukturalismus wirkte sich auch auf die Geschichtsschreibung, insbesondere die neue Kulturgeschichte aus. Hier bestehen allerdings mehrere Probleme. Zum einen ist der in den Geschichtswissenschaften vorkommende Kulturbegriff sehr uneinheitlich und weit gefasst; Konzepte und Methoden divergieren. Das gilt auch für die Theorien, die aber oft eigentlich nur Methoden der Untersuchung oder Beschreibung darstellen, so bei der Analyse der Diskurse, etwa der ethnologischen »dichten Beschreibung« von Clifford Geertz (1926–2006). Das gilt auch für die Anwendung anthropologischer Methoden, von der Kulturanthropologie her genommen. Eine explizite, brauchbare, allgemein anerkannte Theorie ist nicht zu sehen. Schon Droysen hatte seine Schwierigkeiten: »Ich gehe mit schwerem Herzen daran, den Namen Kulturgeschichte zu brauchen. Es ist ein Name von höchst zweifelhaftem wissenschaftlichem Wert und von nur zu viel dilettantischem Rang«.[98]

Nach neuerer Auffassung behandelt Kulturgeschichte »Lebenswelten«, diese gelten als kulturelles und soziales Konstrukt, wieder in Zusammenhang mit sprachlichen oder semiotischen Codes. In jeweiligen Kulturen lassen sich Institutionen und Artefakte, die Codes, die menschliches

Handeln leiten und Sinngebungsprozesse prägen, als historisch wandelbare Produkte untersuchen. In den letzten Jahren standen etwa Krankheit, Kindheit, Sexualität, Populärkultur, Körper im Mittelpunkt der Forschung, wie auch die Deutung von rituellem und alltäglichem Verhalten, die Anlage von Gärten oder Gebäuden als »Texte«, aus denen ein Aufschluss über Einstellungen, Motivationen von Zeitgenossen gewonnen werden kann.

Der Prozess der Zivilisation

Hier lässt sich eine Verbindung zur Zivilisationstheorie herstellen, untrennbar mit Norbert Elias (1897–1990) verbunden. Entwickelt dargestellt findet sie sich in seinem zentralen Werk *Über den Prozess der Zivilisation*, erschienen 1939, breiter rezipiert jedoch erst ab den 1970er Jahren. Die Lektüre erweist eine intensive Auseinandersetzung von Elias mit den Schriften von Sigmund Freud. Von daher kommt auch die These, dass im Prozess der Zivilisation der Druck und die Normen der Gesellschaft in das Individuum verlegt wurden und dieses deren Kontrolle und Normen internalisiert. Der zivilisierte Mensch verinnerlicht zunehmend Affektunterdrückung und Triebsublimation.[99] Elias sieht zwischen der individuellen Reifung des Individuums zum Erwachsenen und der Gattungsentwicklungen Strukturgleichheiten: Wandel vom Fremd- zum Selbstzwang, die Über-Ich-Bildung, Dämpfung der Affekte, Zähmung der Leidenschaften. Diese Wandelvorgänge könnten auch als Leitfaden zur Erforschung der Geschichte des Unbewussten dienen. Elias zeigte dieses an verschiedenen Beispielen aus Anstands- und Manierenbüchern seit dem Mittelalter beispielhaft an den Tischsitten. Die Affektkontrolle setzt sich seiner Meinung nach gegen eine ältere Spontaneität durch, die Individuen rücken auseinander, beanspruchen mehr Raum für sich, mehr Distanz zum Anderen. Als Beispiel kann die Zuschauerzahl des Globe-Theaters zu Zeiten Shakespeares dienen, wo die Leute so dicht gedrängt standen, dass eine wesentlich größere Zuschauerzahl als im heutigen Nachbau möglich war. Ein weiteres Moment des Zivilisationsprozesses stellen die Verteilung und die Aufnahme von Nahrung dar, etwa das Essen aus einer gemeinsamen Schüssel. Elias ging von einer »wechselseitigen Abhängigkeit und Angewiesenheit der Menschen«, einer »Interdependenz der verschiedenen menschlichen Lebensäußerungen« aus.

Figurationen und Funktionen

Diese Beziehungsgeflechte wurden »Figurationen« genannt. Sie sind ineinander verwoben (Familie-Schulen-Religionen-Staat), stellen »Funktionszusammenhänge« dar, wie sich auch in ihnen Machtverhältnisse ausdrücken und organisieren. Elias nahm diese Figurationen als dynamische Gebilde an, sah dahinter Regelmäßigkeiten, die er darzulegen suchte. Dafür verband er Psychologie, Soziologie und Geschichte, um auch so historischen Wandel und dessen Grundlagen theoretisch zu klären. Der Begriff selbst ist nur deskriptiv, um menschliche Lebensäußerungen umfassend zu zeichnen.

Wirkung und Kritik

Vor allem in der Mediävistik wurde Elias aufgegriffen. Doch nach intensiver Auseinandersetzung wurden fast alle seine Positionen kritisiert und revidiert. Dessen Gegenüberstellung von Gefühl und Verstand wurde bemängelt, ebenso seine unklare Begrifflichkeit, die Betonung des Über-Ichs, die direkte Ableitung psychischer Veränderungen von sozialen. Seine These vom Hof als Kulturzentrum wurde zugunsten des klösterlichen Unterrichtswesens korrigiert, wo die entscheidende, wesentlich frühere Erziehung erfolgte, dort aber nicht geschlechterspezifisch war. Statt des Staates oder des Individuum als treibende Kräfte der Zivilisationsprozesses gelten jetzt Peer-Groups als wesentlich einflussstärkere Faktoren.

Die kritische Analyse zeigt, dass Elias das Mittelalter als ein größeres »Reich der Freiheit« sah, als es wohl war. Von diesem Ausgangspunkt her erfolgte dann in seiner Sicht die »Zivilisation« als fortlaufender geschichtlicher Domestizierungs-prozess. Dieser wies bei Elias durchaus eine universalgeschichtliche Komponente auf mit der Frage, ob aus der Analyse der bisherigen Geschichte und der Gegenwart historische Orientierung möglich sei. Elias hielt derartige Erkenntnisse und deren praktische Nutzbarkeit für möglich. Dafür bildeten aber relativ wenige empirische Quellen die Basis, um seine als »Idee« schon vorausgesetzte umfassende Ordnung der gesellschaftlich-geschichtlichen Wirklichkeit heraus zu präparieren. Er wollte keine Gesichtspunkte, keine »Kulturwertideen« (à la Weber) von außen in die Geschichte tragen. Solches Streben nach Erkenntnis aus der Geschichte nähert ihn dem Historismus an.

Den von Elias beschriebenen Zivilisationsprozess hat es so wohl nicht gegeben. Das Konzept hat sich somit de facto aufgelöst, dennoch wird am Begriff »Zivilisationsprozess« festzuhalten gesucht, gehen die Forschungen weiter.

Die kollektiven Vorstellungen

Freud sah im Traum den Schlüssel zu den Geheimnissen der menschlichen Psyche, Maurice Halbwachs (1877–1945) auch die Widerspiegelung der sozialen Welt. Erinnerung hat nach ihm auch mit den »kollektiven Vorstellungen« einer Gesellschaft zu tun. Die Erinnerung sei keine Beschreibung einer Realität, sondern eine Konstruktion in Kategorien unserer Welt. Erinnerungen werden nicht von den erinnerten Gegenständen geformt, sondern von den Kategorien, mit denen wir eine Sache begreifen und ausdrücken. Diese Kategorien steuern die Erinnerungen und legen fest, wie sie anderen mitgeteilt werden.[100] Erinnert wird ein Konstrukt. Erinnerung ist daher konstruktbildend. In ein Konstrukt wird nur das eingelagert, was sich in dessen Sinnrahmen konsistent und kohärent eingliedern lässt, bewahrt aus der Vergangenheit nur das, was der gegenwärtige Bezugsrahmen zu rekonstruieren erlaubt. Ändert sich der Sinnrahmen, werden Erinnerungen, die nun beziehungslos geworden sind, vergessen. Andere, inzwischen vergessene Erinnerungen finden dagegen im neuen Sinnrahmen einen Ort und werden »wieder erinnert«. Diese Änderungsprozesse verlaufen im Regelfall unbewusst.

Das kollektive Gedächtnis

Es kann somit keine individuelle, »reine« Erinnerung jenseits der sozialen Welt geben, in der wir leben. Die Kultur, die Gruppen, in denen man steht, formen die möglichen Erinnerungen – das kollektive Gedächtnis. Damit die Erinnerungen überhaupt zugänglich sind, müssen sie in Worte gefasst und auf Begriffe gebracht werden. Die Bedeutungen der Worte aber sind sozial festgelegt. Wir sagen nur, was gesagt werden kann, mit Semantik, Syntax, Grammatik. Diesen muss gehorcht werden, um verständlich zu sein und den gesellschaftlichen Erinnerungs- und Äußerungsrahmen überhaupt einnehmen und ausdrücken zu können.

Das »Individualgedächtnis« ist der Ort, an dem sich die verschiedenen Sprachspiele der Vergangenheit begegnen. Nach Halbwachs werden Erinnerungen (als Inhalt des Gedächtnisses) an soziale Ereignisse gebunden und in tatsächlicher oder imaginierter Verbindung mit sozialen Ereignissen gegenwärtig. Wenn also ein bestimmtes Ereignis eintritt, erinnern wir uns darüber an ein anderes. Dieses wird dann wird rekonstruiert, aber dabei der jeweiligen Gegenwart angepasst. »Erinnerung hängt nicht von Vergangenheit ab, sondern Vergangenheit gewinnt die Identität zu aller erst durch die Modalitäten des Erinnerns: Erinnern konstruiert gegenwärtig(e) Vergangenheit in Form kohärent scheinender« Erzählungen. Wir operieren »nicht mit Vergangenheit, sondern mit Geschichten, in deren Konstruktion die Vorstellungen eingehen, die wir uns von der Beschaffenheit von Vergangenheit machen. Diese Vorstellungen, nicht die Vergangenheit, geben die Referenzebene unserer Erinnerungen ab«. In einer Gesellschaft existiert ein »Fundus von Geschichte(n), die im Zuge der öffentlichen Gedächtnispolitik zur Selbstwertregulierung und Identitätsproduktion einer Gesellschaft eingesetzt wird/werden«.[101]

Stumme Geschichte

Dem »bewohnten Gedächtnis« steht die »nicht bewohnte Geschichte« gegenüber. Sie ist nicht erinnerbar – unbewohnt – wenn sie keinen Bezug zur Identität des gerade laufenden Sprachspiels hat. Mit anderen Worten, worüber nicht gesprochen wird, das existiert nicht. Es liegen viele Quellen/Geschichten in den Archiven. Werden sie nicht beachtet, bleiben sie stumm, quasi nicht existent. Erinnerung ist damit ein Konstrukt, wie die Geschichte. Erkenntnis bezieht sich nicht mehr auf eine Realität, sondern nur auf sich selbst, auf die eigenen Wahrnehmungs- und Denkmöglichkeiten.

Diese Ideen sind von Aleida und Jan Assmann weiter ausgebaut worden. Für die Geschichtswissenschaft hat sie Johannes Fried (*1942) thematisiert. Wenn die menschliche Erinnerung so trügerisch sei, dann beträfe dies alle auf mündliche Traditionen angewiesenen Disziplinen, gerade auch die Geschichtswissenschaft. Mündlichkeit herrschte in ganzen Epochen, wie etwa dem frühen und hohen Mittelalter vor. Fried will eine neue historischen Disziplin, die »Memorik« begründen. Denn im Lichte der modernen Gedächtnis- und Kognitionsforschung sei in den Quellen mit einschneidenden Verformungen, sinnstiftenden Neukonstruktionen und legitimatorischen Manipulationen zu rechnen, die heute niemand mehr durchschaue. Jede Gegenwart offenbare sich als ein verschwommenes Gemisch aus Erfahrungen, die unzusammenhängenden Episoden abgelauscht wurden.[102] Diese erkenntnistheoretische Herausforderung führt Fried zu Zweifeln: Was lässt sich von vergangener Wirklichkeit noch erkennen, wenn unser Gedächtnis so funktioniert, wie es funktioniert? Wann und wie kann ein Historiker sichere Aussagen treffen? Wenn mündliche Überlieferung so zustandekommt, wie nach den neueren Erkenntnissen anzunehmen ist, sind nicht nur die meisten Quellen, sondern auch die darauf aufbauenden die Arbeiten – nicht nur der Mediävisten – in Frage zu stellen.

Postmoderne: Auflösung der Meta-Erzählungen

Die Auseinandersetzung mit den Theorieproblemen, auch durch »Importe« von Diskussionen und Ergebnissen aus den Nachbarwissenschaften, führten dazu, dass lange aufrechterhaltene geschichtstheoretische Positionen, der Reihe nach falsifiziert, geräumt werden mussten. Nicht ohne lang anhaltenden Widerstand, der sich auch heute noch manifestiert.

So endeten mögliche Lehren aus der Geschichte, die »historia magistra vitae« allerspätestens hier, ebenso die wissenschaftliche Objektivität, der Anspruch auf Wahrheit (wegen unvermeidbarer subjektiver Perspektivität), der Bezug auf vergangene Wirklichkeiten (Realitäten), die sich »nicht beobachten« lassen. Wenn dies nicht möglich ist, lassen sie sich auch nicht beschreiben. Die vorliegenden Beschreibungen wiederum lassen sich an keiner vergangenen Wirklichkeit überprüfen und verifizieren. Es sind Konstruktionen im Medium der Sprache, abhängig von deren Regeln, mehr rhetorische als faktische Gebilde.

Die Frage nach der »historischen Realität« ist damit nicht mehr sinnvoll. Falls es »historische Realität« überhaupt gibt, ist sie immer schon vergangen, kann nicht (mehr) erkannt werden. Als Mensch kann man nicht aus seinen Wahrnehmungen und Begriffen »aussteigen«. Nur die Welt der menschlichen Erfahrung vermag man zu erkennen, nie die Realität an sich. Diese Erfahrungswelt kann nur von uns selbst, von niemand anderem aufgebaut werden. In diesem Sinne kann »die Geschichtswissenschaft keine empirische, keine Erfahrungswissenschaft, sondern nur eine analytische, formale Wissenschaft sein«.[103]

Konstruieren und basteln

Konstruktivistische Anschauungen finden schon in der Antike. Xenophanes (ca. 570– ca. 470 v. Chr.) meinte, wir hätten es nur mit Erfahrung zu tun und nie mit Dingen an sich. Der englische Philosoph George Berkeley (1685–1753) vertrat die Meinung, Erfahrungen und Bewusstseinszustände seien bei jedem Menschen individuell und für andere unzugänglich. Zwischen der Welt des Individuums und der Außenwelt bestünde eine unüberbrückbare Kluft.

Konstruktivismus wird als eine Verabsolutierung des subjektiven Denkens gesehen, das nicht mehr als Reflex von Realität, sondern umgekehrt als deren Ursprung angenommen wird. Die gesamte Wirklichkeit erscheint letztendlich als Projektion des denkenden Geistes. Die radikale Ausprägung wird Solipsismus genannt.

Die konstruktivistische Betrachtungsweise hat die Sicht auf »die Geschichte« radikal verändert. Dies betrifft vor allem die »Traditionsquellen«, die Ereignisse überliefern, Geschichten erzählen. Sie gelten nunmehr als literarischen Konstruktions- und physisch-psychischen Erstellungsprinzipien unterworfen. All diese Texte wie der Historiographie insgesamt, unterliegen Konstruktionsprinzipien, die aus der Sprache resultieren. Diese legt fest, was wie gesagt werden kann. Bestimmte Diskurse setzen sich durch, unterdrücken andere.

Was die anderen Quellen, die »Überreste«, wie Rechnungsbücher, Gerichtsakten etc. anlangt, ist zumindest deren »Zufallscharakter« erkannt. Was erhalten wurde, verdankt sich oft merkwürdigen Umständen der Erhaltung oder Aufbewahrung, aus zeit- und wertbedingten Interessen (Eigentumswechsel, Kaufverträge, Prozesse etc.), die nur partielle Aufschlüsse bieten. Deren Valenz steht so ebenfalls zur Überprüfung unter anderen Prämissen an.

Es verkehrt sich aber auch die Zugangs- und Erkenntnisweise: Die Beschreibung ist jetzt die Ursache, die/eine Geschichte die Folge; im Unterschied zum historischen Realismus, wo es umgekehrt war: die Geschichte die Ursache, ihre Beschreibung die Folge.

Vom Heute rückwärts

Jeweils aktuelle gesellschaftliche Problemlagen bestimmen die Fragestellung und den Zugang zum Material. Die radikale Gegenwärtigkeit determiniert historische Forschungsprozesse. Der Ausgangspunkt der Untersuchungen liegt ausschließlich im Heute, im Moment der Beschäftigung mit dem Material. Nur in der Gegenwart kann Vergangenes verstanden werden – immer vom jeweiligen Standpunkt des Betrachters abhängig und in dialektischer Verschränkung. Die Arbeit an der Geschichte, deren Konstruktion und Interpretation geschehen in der Gegenwart. Die Gegenwärtigkeit der Konstrukte erbringt die der Vergangenheit. Das gilt auch für »kollektive Konstrukte« wie gesellschaftliche Erinnerung, die in der Form von Geschichten tradiert wird. Geschichten allerdings müssen in bestimmter Weise (Aufbau, Wortschatz) erzählt werden, um überhaupt verständlich zu werden.

Sprache und Textgestaltung

Das betrifft in diesem Kontext diejenige Sprachform, in der Vergangenes erzählt wird. Hierfür lieferten die Untersuchungen von Arthur C. Danto (*1924) Grundlegendes. Nach ihm liegt die Aufgabe des Historikers darin, die Ereignisse der Vergangenheit in den Zusammenhang zu bringen, den die damals Beteiligten selber nicht erfahren konnten. Es geht um die »Organisierung« – nicht »Reproduktion« – der Vergangenheit zwecks einer solchen der Gegenwart. Diese solle im Licht der Vergangenheit gesehen und verstanden werden.

Dafür bedürfe es der »narrativen Organisierung« des Erzählstoffes, was die subjektive Leistung des Historikers sei. Wie ein historischer Gegenstand in den Erzähltext und in dessen Struktur eingefügt wird, definiert ihn und unterwirft ihn a priori dem Formgesetz der historischen Erzählsprache. Die gewählte Erzählstruktur lege fest, welche Ereignisse ausgewählt werden, welche Bedeutung, welche Erklärung sie erhalten. Diese Struktur ihrerseits ändere sich im Laufe der Zeiten. Die Vergangenheit wird also nach Danto organisiert, aber nicht reproduziert.[104]

Die Form der Erzählsprache, die Struktur des Erklärungszusammenhangs schreiben den möglichen Inhalten der Erzählung die Gesetze vor. Das reicht noch weiter. Nicht das erzählte Geschehen legt die Ordnung der erzählten Geschichte fest, sondern das jeweilige Erzählen selbst. Dies konstruiert zudem die Identität der Prototypen der Erzählung wie die des Erzählers; »Mustergeschichten« mit typischen narrativen Formen. Sie symbolisieren »zugleich moralische und werthafte Sichtweisen« mit konstitutiver Bedeutung für ein Individuum oder für eine soziale Gemeinschaft. Das Erzähl-Schema erzwingt einen konsistenten, kohärenten, schlüssigen Ablauf einer Geschichte, wobei die »klassischen« Schemata mitwirken, wie Intention – Handlung – Resultat, Ursache und Wirkung, der kausalen Relationen, aber auch der temporalen mit einer strikt chronologischen Abfolge, etwa eines Lebenslaufes und sei es eines Heiligenlebens. Das Grundschema einer narrativen Erklärung füllt »die Mitte zwischen den zeitlichen Endpunkten einer Veränderung«. Eine Geschichte hat zu erklären, wie die Veränderung von Anfang bis Ende statt fand. Narrativität erscheint damit als systemische Selbstorganisation von Sinn und Zeit.[105]

Beim Erzählen erhalten Wahrscheinlichkeit und Anschaulichkeit einen hohen Rang. Erwartet wird gewöhnlich – unreflektiert – eine »wahre« Geschichte. Die Reaktion auf eine »gut« erzählte Geschichte mündet in die Weiter-Erzählung ein. Des/Interesse wie Ablehnung/Zustimmung transformieren entsprechend die Erzählung: eine folgende, weiter verbreitete kann somit eine ganz andere »Geschichte« beinhalten. Diese Veränderung erfolgt weitgehend unbewusst. Viele dieser Positionen griff Hayden White auf.

Sprache als Medium

Auch bei Hayden White (*1928) erscheint die grundlegende Skepsis gegenüber der Vorstellung, Sprache sei ein transparentes Medium zur Erforschung und Kommunikation von Wirklichkeit. Diese Sicht wird durch sein Auffassung von Sprache als unhintergehbare Bedingungen des Denkens ersetzt. Danach ist alle menschliche Erkenntnis durch Sprache strukturiert. Wirklichkeit jenseits von Sprache ist nicht existent oder zumindest unerreichbar.

Nach White drückt der Historiker die Vergangenheit mit seinen sprachlichen Mitteln aus. Die Quellen sprächen nicht selbst. Was erzählt wird, sei nicht »Abbild einer möglichen Wirklichkeit«, sondern eine Art der Darstellung, um Vergangenes zu erfassen und mit Bedeutung für die Gegenwart zu versehen. Die Fakten und damit die historischen Objekte fänden sich nur noch im Text, nicht mehr außerhalb, in irgendeiner »historischen Realität«. Der Historiker könne nicht aus Quellentexten auf eine dahinter liegende Wirklichkeit schließen.

Der Wirklichkeitscharakter historischer Aussagen ist der modernen Realismuskritik zum Opfer gefallen. Einen von der Erkenntnis unabhängigen realen historischen Gegenstand gäbe es nicht, dieser sei ein Konstrukt des erkennenden und schreibenden Subjekts. Damit ist im Übrigen auch der uralte Subjekt-Objekt-Gegensatz abgetan! Was Historiker über Vergangenes sagen, betreffe dieses nicht mehr selbst und direkt, es seien nur noch Aussagen über (Text-)Beziehungen. Die Geschichte wie die Wirklichkeit sind beide immer abhängig von aktuellen Fragen und Anschauungen. Beide sind nicht mehr nach einem einzigen Konzept erklärbar; Pluralität existiert, Spannungen, Widersprüche bleiben nebeneinander bestehen.

Referenz und Realität

Die Positionen von Hayden White, formuliert seit den 1970er Jahren, stellen überwiegend eine Rückkehr zur klassischen Rhetorik dar. Im Grunde stehen die Reflexionen des Aristoteles dahinter, der schon über den Unterschied zwischen Poesie und Geschichte handelte. Nach White unterscheiden sich die Erzählungen von Historikern, die Texte von spekulativen Geschichtsphilosophen oder Romanschreibern nur graduell. Ereignisse oder Geschehnisse in der Vergangenheit gäbe es zwar, auch ließen sich Fakten identifizieren. Doch die faktischen Aussagen böten keine Referenz auf eine zugrunde liegende historische Realität. Um aber diese verstreuten Einzelfakten sinnvoll zu verbinden, um ihnen Bedeutung zu geben, brauchten sie die Einbettung in einen Kontext. Dieser jedoch finde sich nicht in der Überlieferung, sondern in der Imagination des Historikers. Weil diese nun wiederum höchst individuell und damit unterschiedlich sei, entstünden ganz unterschiedliche Erzählungen mit einer Vielfalt von Bedeutungen. Das wiederum heißt, es gibt keine »absolut wahre« Geschichtsschreibung. Ein Irrtum liege auch in der Annahme, die Fakten bestimmten, wie Geschichte erzählt werde; denn historische Erzählungen werden durch eine linguistische Organisation modelliert – die Erzählstruktur, das Emplotment. Diese drücke die Bedeutung oder »die Botschaft« der Geschichte aus.

Die Erzählstrukturen

White präparierte durch Untersuchungen der Geschichtsschreibung des 19. Jhd. vier derartige Erzählstrukturen heraus: Romanze, Satire, Komödie, Tragödie. Diesen vier Plotstrukturen entsprechen wiederum vier Tropen: Metapher, Metonymie, Synekdoche, Ironie. Die letzte Ebene ist die der ideologischen Implikation. Es gibt vier fundamentale ideologische Positionen: Anarchismus, Konservatismus, Radikalismus und Liberalismus. Welcher Erklärungsmodus und welcher Stil gewählt werden, erfolgt nach politischen, moralischen Gründen; alle diese Modi sind gleichberechtigt. Nach White ist der Historiker Teil des politischen Spiels, er kann gar nicht objektiv sein.[106] Für viele Historiographen mögen damit Traditionen auf dem Kopf stehen.

Es wird mit Fakten, also mit Gemachtem, nicht mit Daten, also mit objektiv Gegebenem, operiert. Fakten werden nach Gegenwartsinteresse aus den Textmassen der Überlieferung herausgeholt, dann nach dem Erfordernis der Erzählstruktur »aufbereitet« und in einen Text eingepasst. Nicht die Quelle steuert, die hat – mit Reinhart Koselleck (1923–2006) – ein Widerspruchsrecht, sondern die Erzählstruktur.

Die Probleme aber bleiben: Die Erzähl-Konstrukte können nie an einer Realität oder im Experiment überprüft werden. Die Vergangenheit entzieht sich der heutigen Erfahrung. Der Wahrheitsgehalt der Geschichten bleibt so offen wie ihr Realitätsgehalt. Darum brauchen wir nicht mehr über die Objektivität historiographischer Aussagen zu reden. Das Kriterium bilden dann Erzähltechnik, Logik, Plausibilität, Kreativität, Innovativität. Daraus erwachsen weitere Fragen: Gibt es eine Erzähl- und Erklärungsstruktur, innerhalb derer deren Wandel seinerseits erzählt und erklärt werden kann? Oder gibt es nur jeweils eine Struktur, die dann andere, an sich gleichberechtigte ausschließt? Die verschiedenen Strukturen möglichen Erzählens lassen sich nicht vergleichend messen; es scheint keinen Maßstab dafür zu geben. »Wirklichkeit« hat höchstens noch die bedeutungsverleihende Erzähl-Struktur. Dafür gibt es immer mehrere Möglichkeiten, wie für den Gegenstandsbezug des Textes. Das bedeutet letztlich eine neue Form des historischen Relativismus – und weitere Diskussionspunkte.

Die Meta-Erzählungen in der Postmoderne

Der Begriff der Postmoderne wurde von Jean-François Lyotard eingeführt.[107] Er geht vordergründig von einem Legitimationsschwund aus, der die »großen Meta-Erzählungen« betrifft.

Merksatz

Die drei großen Meta-Erzählungen der Moderne:
- **die aufklärerische von der Emanzipation der Menschheit**
- **die idealistische von der Teleologie des Geistes**
- **die historistische von der Hermeneutik des Sinns**

Die Meta-Erzählungen seien zu Gestalten der Vergangenheit herabgesunken. Sie verfügten über keine allgemeine Verbindlichkeit und Legitimationskraft mehr. Die Form sei hinfällig. Solche Meta-Erzählungen seien jetzt unmöglich, weil deren Unmöglichkeit als solche bewusst sei und weil keine in Sicht seien, die auch nur universell scheinen.

Es müsste allerdings, ganz postmodern rekursiv gedacht, noch eine vierte »große Meta-Erzählung« kreiert und eingebracht werden, nämlich die postmoderne Meta-Erzählung von der Auflösung der drei großen Meta-Erzählungen (entsprechend dem postmodernen Modus der Ironie).

Die aufklärerisch-modernen Ideen wie Freiheit, Emanzipation, Bildung, Wahrheit, Fortschritt oder Soziabilität sind nach Lyotard diskreditiert. Ursachen sieht er in der jüngsten Technisierung und Ökonomisierung, mit deren rasantem Fortschreiten. Die technische Zivilisation sei ohne Kultur und folglich ohne Geschichte. Lyotards Kritik an der »bloßen Erzählung« kann auch als eine Technik- und Ökonomiekritik gelesen werden.[108]

Neue Unübersichtlichkeit

Die Postmoderne nimmt eine eigene Analyse der Gesellschaft und ihrer Kultur vor und postuliert eine völlige Unübersichtlichkeit als Folge des politisch-gesellschaftlich-technologischen Systems mit multinationalem Kapitalismus, immer neuen Technologien. Das »große, globale, multinationale und dezentrierte Kommunikationsgeflecht« überschreite die Begreifens- und Orientierungsfähigkeiten des individuellen Bewusstseins, führe hin zu objektiv »fundamentaler Desorientierung«. Es existiere die Gleichzeitigkeit des Ungleichzeitigen, eine »Gesamtsituation der Simultaneität und Interpenetration differenter Konzepte und Ansprüche«. Die Situation sei nicht rückgängig zu machen, nur zu »transzendieren«.[109] Wie dies allerdings zu erfolgen habe, blieb trotz verschiedener Vorschläge ein Postulat. Mittlerweile freilich ist die Zeit über die Postmoderne hinweggegangen.

Pluralität

Die radikale Pluralität wird als Grundverfassung der Gesellschaft anerkannt. Der gleiche Sachverhalt stelle sich in anderer Sichtweise anders dar, diese Sichtweisen seien ihrerseits berechtigt. Daraus erfolgt ein Plädoyer für die Vielheit heterogener Konzeptionen, Sprachspiele und Lebensformen gegen Hegemonien, gegen Monopole und Einheitsobsessionen. »Die kulturellen Kanons werden aufgelöst, das Wissen entmystifiziert, die Sprachen der Macht, der Begierde, des Betrugs« dekonstruiert. So gäbe es auch viele Geschichtslagen. Traditionen haben keinen Vorrang mehr. Leitbild der Geschichtskonzeption sei die Idee einer Menschheit, die erstens sensibel für die heterogenen Ziele ist, die in den diversen Diskursarten beschlossen sind, und die zweitens im Stande ist, diese Ziele so weit wie möglich zu entwickeln und zu verfolgen. Ohne diese Idee sei eine Universalgeschichte der Menschheit gar nicht denkbar.[110]

Nur, wer will überhaupt noch eine »Universalgeschichte«? Diese ist doch per se auch nicht mehr möglich. Die Lösung kann wohl nicht darin liegen, auf ein Konzept und Projekt des 18. Jhd. zurückzugreifen, das gerade dafür einen Leitfaden und eine Leitlinie ausbilden wollte. Muss der Begriff der Universalgeschichte offen gehalten werden? Wie aber sind dann die »vielen Geschichtslagen« darzustellen? Es bleiben Aporien.

Ironie als Rettung

Umberto Eco (*1932) meinte, »die postmoderne Antwort auf die Moderne« bestehe in der Einsicht und Anerkennung, dass die Zerstörung der Vergangenheit zum Schweigen führe, diese darum auf neue Weise ins Auge gefasst werden müsse: mit Ironie, metasprachlichem Spiel, Maskerade. Die Schranke zwischen Kunst und Vergnügen sollte niedergerissen, ein breites Publikum erreicht werden. Nicht um es unbedingt zu besänftigen, mit versöhnlichen Bildern zu trösten, eher um es aufzuschrecken: mit Alpträumen, Obsessionen. Gefordert wird eine Theorie, die den Menschen »nicht bloß als Exekutor vorgegebener Spielzüge, sondern ebenso als Erfinder neuer Spiele (...) zu verstehen« vermag.[111] Diese Thorie ist noch zu entwerfen, was angesichts des zugleich geforderten »Pluralismus« eher schwierig sein dürfte; erleichtert dieser doch eher die Beliebigkeit. Ein weiteres Problem dürfte dabei mit auftreten: Die Postmoderne könnte vielleicht vom ironischen zum demonstrativen und schließlich zum konsum-orientierten Eklektizismus gelangen.

Zeichen und Verweise

Doch Umberto Eco steht auch für die Semiotik, die Lehre von der Bedeutung der Zeichen. Ein Zeichen selbst habe keine Realität. Eigentlich gäbe es nicht Zeichen, sondern nur Zeichenfunktionen, die eine Zuordnung stiften. Die Fragestellung der Semiotik sei nicht, was ein Zeichen in »Wahrheit ist«, sondern wie es sich auf etwas bezieht oder etwas darstellt, das es selbst nicht ist. Die Antwort: Ein Zeichen sei kein eingeschriebenes Wesen der Dinge, bleibe bloße Stellvertretung, austauschbar. Es ist eine nominalistische Lösung aus dem Mittelalter: *aliquid stat pro aliquo.* Auch Eco sieht wie Lacan die Unterscheidung zwischen Bezeichnung und Bedeutung. Nicht mehr nach der Richtigkeit und dem Grund einer Repräsentation gefragt, sondern nach dem Sinn.

Er knüpft an Martin Heidegger (1889–1976) an, wonach die Auslegung eines Zeichens seine Bedingung in der Geschichtlichkeit des Daseins finde. Dessen Schüler Gadamer habe diese in der Zugehörigkeit zu Traditionen bestimmt, deren positive Autorität Überlieferungen in Form von Quellen, Texten bilden. Diese, wie deren Interpretationen gingen in jeden Verstehensprozess ein. Der Zusammenhang der Überlieferung konstituiere mithin den Kontext, aus dem Deutungen erst möglich werden. Wo es Zeichen gebe, wo Bedeutungen kursierten, da seien Kultur, Gesellschaft. Sinn sei ein Geschehen, an dem ein ganzes Universum von Geschichte beteiligt sei. Doch er verwahrt sich gegen Beliebigkeit. Ein Text könne zwar unendlich viele Interpretationen anregen, erlaube aber nicht die beliebige Interpretation. Es sei nicht legitim, einen Text etwas sagen zu lassen, was er nicht sagt. Ironie sei keine Lösung, bloßer Realismus keine Theorie.

Die oft gestellte Frage, ob die Postmoderne vielleicht selbst schon der Geschichte angehöre, lässt sich mit Ja beantworten. Sie mag ihrerseits der Geschichte angehören, doch sie wirkt nach. Die erreichten Positionen lassen sich an Paul Feyerabend festmachen.

Anything goes

Weithin bekannt ist Paul Feyerabends (1924–1994) Slogan »anything goes«. Doch darf dieser nicht mit purem »Anarchismus« gleichgesetzt werden. Anders als bei vielen Denkern lassen sich seine Positionen dank griffiger Schreibweise gut aus Zitaten ablesen: »Wer sich dem reichen, von der Geschichte gelieferten Material zuwendet und es nicht darauf abgesehen hat, es zu verdünnen, um seine niedrigen Instinkte zu befriedigen, nämlich die Sucht nach geistiger Sicherheit in Form von Klarheit, Präzision, ‚Objektivität', ‚Wahrheit', der wird einsehen, dass es nur einen Grundsatz gibt, der sich unter allen Umständen und in allen Stadien der menschlichen Entwicklung vertreten lässt. Es ist der Grundsatz: »Anything goes«.[112]

Hier wird schon der provokative Grundton angeschlagen. Doch soll auch gesagt werden, dass Feyerabend mit dieser Position eines radikalen Pluralismus und der daraus resultierenden Angriffe auf bestimmte wissenschaftliche Positionen in der von ihm so kritisierten Hochschullandschaft sehr erfolgreich unterwegs war. Er setzte sich kritisch mit Karl

Popper (1902–1994) auseinander. Dieser hatte in seiner Abhandlung »Das Elend des Historismus« kritisiert und gemeint, dass Geschichte in ihrem Ablauf weder determiniert noch vollständig erkennbar sei. Das Wissen bleibe stets hypothetisch, vorläufig. Statt eine These zu verifizieren, könnten wir sie allenfalls falsifizieren.

Feyerabend verfocht die Befreiung vom Zwang fixierter Regeln zugunsten einer Methodenvielfalt, trat gegen einen dogmatischen »Zwangscharakter einer normierten Methodeneinheit auf, die sich anmaßt, exklusive Regeln aufstellen zu können, mit denen sich alle wissenschaftlichen Betätigungen zu identifizieren haben«. Es gelte also demnach, sich nicht in einen vorgegebenen Rahmen einzupassen, sondern zu überlegen und auszuwählen: »Kluge Menschen (halten sich) nicht an Maßstäbe, Regeln, Methoden, auch nicht an ,rationale' Methoden, (...) sie verwenden jene geistigen und materiellen Mittel, die in einer bestimmten Situation am ehesten zum Ziel« zu führen scheinen.[113] »Wissenschaftliche Theorien werden nicht nach Wahrheit oder Falschheit, sondern nach ihrer praktischen Brauchbarkeit beurteilt. (...) Vielfalt auf der Theorienebene verlangt geradezu nach Pluralität auf der Methodenebene«.[114]

Instabile Zeiten und Lösungen

Es ist also eine Auswahl aus dem vorliegenden Material und den einschlägigen Methoden zu treffen, um anstehende Fragen zu lösen. Eine universelle oder monologische Erklärung entfiele angesichts »paradigmatisch instabiler Zeiten«. Diese erweckten durchaus einen »Orientierungsbedarf«, doch der ließe sich so einfach und widerspruchsfrei nicht herstellen. In solchen Zeiten wie den unseren könnten durchaus mehrere, inkompatible »Erklärungs- und Explikationsmuster« das Resultat bilden, mit dem eben dann zurechtzukommen sei. Denn auch die Wissenschaft sei »nur eines der vielen Mittel, die der Mensch erfunden hat, um mit seiner Umwelt fertig zu werden«.

Die großen, umfassenden theoretischen Welt-Erklärungsmodelle werden abgelehnt: »Uns ist mit immanenter Erkenntnis für unsere Zwecke hinreichend gedient«. Dazu bedürfe es keiner generalisierbaren Logik der Forschung, keiner transzendenten Realität und keiner universalisierbaren Einheitsmethode, sondern nur einer pragmatischen und problembewussten Vorgehensweise«.[115]

Das alte Verlangen des Historismus, dessen Anspruch zu wissen, »wie es wirklich ist«, sei »dogmatisch und durch kein allgemeines Wahrheitskriterium verifizierbar oder falsifizierbar«. Wirklichkeit an sich gäbe es nicht; sie sei das, »was uns die Wissenschaftler als Wirklichkeit vorstellen«. Auch die Objektivität »an sich« sei weder vorhanden noch erkennbar. Die Trennung zwischen Subjekt und Objekt könne auch nur subjektiver Natur sein. Der Mensch könne weder aus seiner Natur noch seiner Geschichte heraustreten und beide von einem »objektiven« Standpunkt aus beurteilen; der sei nicht einnehmbar. Ein fester, überzeitlicher Standpunkt sei nicht möglich und vertretbar. Damit aber sind Wahrheit, Objektivität, Wirklichkeit suspendiert: »Wohin wir uns auch wenden, wir finden nicht einen Archimedischen Punkt, sondern weitere Stile, Traditionen, Ordnungsprinzipien«.[116]

Ein Sieg des Relativismus

Wahrheit gerinnt zur bloßen Plausibilität, zur puren Perspektivität. Eine unabhängige oder von allen Zwecken und Interessen losgelöste (»absolute«) Wahrheit gäbe es nicht. Denn unsere »Sitten, Überzeugungen oder Kosmologien sind (...) nützlich, gültig und wahr für bestimmte Gesellschaften und nutzlos, wenn nicht gar gefährlich, ungültig und unwahr für andere«. Damit aber landen wir wiederum im profunden Relativismus: »Der Relativismus (ist) human, vernünftig und viel verbreiteter als allgemein angenommen wird«.[117]

Offenheit, Vielfalt der Methoden, der Theorien, Orientierung an der Praxis, Ablehnung von Objektivität, Wahrheit, Wirklichkeit. Bleibt nur noch der Relativismus?

8

Die Post-Postmoderne

Die Geschichte ist nicht am Ende, jeden Tag wächst sie (damit unsere »Arbeit«) weiter an, wird die Vergangenheit länger, wenn auch nicht unbedingt »größer«.

Der »Geist« scheint sich aus der Geschichte verabschiedet und mit sich alle großen Meta-Erzählungen genommen, sie suspendiert zu haben. Immerhin – die Tendenz der »Negation der Negation« scheint noch bewahrt. Die »–ismen« kamen und gingen, kommen und gehen, geblieben sind irgendwie alle und dennoch kaum mehr präsent. Damit aber wären die Paradigmen der Postmoderne bestätigt: Unübersichtlichkeit, die Gleichzeitigkeit von allem und sei es noch so unzeitgemäß, eine Menge von vorliegendem (toten?) Material, für dessen Sortierung die Kategorien fehlen, von »Letzten« oder metaphysischen »Dingen« ganz zu schweigen.

Der Einfluss der Postmoderne bleibt spürbar, es gibt keinen Primat einer Geschichtstheorie mehr, eine umfassende »Großtheorie« scheint momentan – und künftig – nicht möglich. Aufspaltung und Differenzierung schreiten voran. Das ist nicht negativ zu sehen. Der Umfang, wie die Schärfe und Praktikabilität der Methoden und Theorien der Geschichtswissenschaft haben zugenommen. Der Werkzeugkoffer der Theorie ist gut assortiert, die Verfügungsbreite des Repertoires groß, wenn vielleicht manchmal ein wenig unaufgeräumt. Es wird darum noch notwendiger zu wissen, was man wissen will und welche »Vor-urteile« vorliegen.

Weiter basteln

Ein gewisser Eklektizismus scheint für die geschichtswissenschaftliche Arbeit unabdingbar. Das verbindet sich mit dem Bild der *bricolage*: aus den vorhandenen Teilen wird ein Vehikel zusammengebastelt, das zur Lösung der aufgeworfenen Frage »viabel« erscheint. Dieser Vorgang des Theorie-Bastelns muss natürlich von den Geschichte Schreibenden ausreichend dargestellt, d.h. auch begründet werden. Um derlei Erörterungen kommen wir nicht herum.

Die Vermehrung des Wissens (auch über Theorien) hat die Möglichkeit der Erkenntnis – auch Selbsterkenntnis, der Aufklärung über sich selbst – verbessert. Viel Erkenntnis ist gewonnen. Jetzt stellt sich die Frage, was damit anzufangen, wie damit umzugehen, wie diese Basis zu nutzen ist. Wir können und sollten wissen, was wir wissen, was wir warum und wie tun. Die »Selbstbefreiung durch das Wissen« tut immer noch Not, wie die Fortsetzung des »Projekts Aufklärung«, denn diese reflektiert sich selbst. Kritische Köpfe bleiben gefragt, um die wichtigen Fragen zu stellen, um das, was da ist, zu verbinden und zu nutzen, gerade angesichts der unselektierten Informationsflut.

Die Veränderungen scheinen größer, schneller und umfassender. Die Orientierung fällt den Individuen in der Postmoderne – und danach – unstrittig schwerer, ist aber umso notwendiger; doch das »Lernen aus der Geschichte« ist unmöglich.

Theorie lässt sich kritisch gebrauchen gegen die Versuche, mit dunkler, schwer verständlicher Sprache den Diskurs zu erobern, Schulen zu bilden, in denen Proselyten den Meister imitieren, wie uns Lacan etwa vormachte. Auch gegen den Obskurantismus traditioneller Systeme mit ihren Wahrheitsansprüchen, normativer Moral, basierend auf historisch-genetischen Argumenten kann Geschichtstheorie gestellt werden.

Phantasie und Kreativität

Wir sollten nicht hinter das Erreichte zurückfallen, keine pessimistischen Sichtweisen samt Nostalgie, gar den naiven Realismus pflegen. Geschichte als Legitimationswissenschaft ist vorbei, kommt besser auch nicht wieder. Damit aber ist der Ideologiezwang beseitigt. Das Selbstdenken, nach Gadamer die Phantasie, Kreativität in den Fragen und Theorien weiter zu entwickeln, das vorhandene Analyseinstrumentarium auf sich und die Gesellschaft anzuwenden und lesbare Texte zu verfassen, bleiben die Aufgaben der Zunft der Historiker. Fragen sind genügend vorhanden wie auch Aufgaben, etwa Denkanstöße zur Gestaltung der Gegenwart zu liefern, die, weil so kurz, immer schon in die der Zukunft einmündet.

Fragen nach einem höheren/tieferen Sinn der Geschichte sind nicht mehr zu stellen. Sie bleiben allenfalls auf eine persönliche Ebene reduziert: nach dem Sinn dessen, was man – auch und gerade als Historiker tut. Dafür lässt sich auf Max Weber rückverweisen: Wir leben in einer bestimmten und bestimmbaren Gesellschaft, finden uns in sie hineingestellt. Die (wissenschaftliche) Arbeit erfolgt unter den vorgefundenen

Bedingungen, etwa unseres Hochschulsystems (mit eigenen Sinn-Fragen). Solche Reflexionen bleiben unabdingbar – auch wie und wo welcher Beitrag individuell zu leisten möglich ist. Ein ironisch getönter zweiter Beobachterstandpunkt mag dabei helfen: Was mache/schreibe ich da gerade? Was denke ich – oder: »Es« denkt: was?

Anhang

Biographische Abrisse

Wilhelm Dilthey

1833–1911 Seis am Schlern. Sohn einer calvinistischen Predigerfamilie. Studium der Geschichte, Theologie und Philosophie in Heidelberg (1852) und Berlin bei Leopold von Ranke (1853), 1864 Promotion und Habilitation. Professur in Basel (1867/68), später in Kiel, Breslau. Berufung an die Universität Berlin 1882. Hauptwerk »Einleitung in die Geisteswissenschaften«, 1933 posthum erschienen: Der Aufbau der geschichtlichen Welt in den Geisteswissenschaften, 1907-1910.

Gustav Droysen

1808–1886 Berlin. Gymnasium und Studium in Berlin. 1831 promoviert, 1833 habilitiert in klassischer Philologie. 1840 Ruf an Universität Kiel; ab 1851 in Jena, ab 1859 in Berlin. Mitglied der Frankfurter Nationalversammlung. Vorlesung 1857 »Über die historische Methode«, 1868 erschienen als »Grundwissen der Historik«, vollständige Ausgabe erst 1937.

Norbert Elias

1887–1990 Amsterdam. Soziologe, Kulturphilosoph. Teilnahme am Weltkrieg I, Studium von Medizin, Psychologie und Philosophie, 1924 Promotion in Breslau, Dr. phil.. Abbruch der Wissenschaftskarriere 1933 vor der Habilitation, Emigration nach England, dort Dozent für Soziologie, 1962 Prof. für Soziologie an der University of Ghana, danach Gastprofessuren.

Friedrich Engels

1820–1895 in London. Sohn eines begüterten Textilunternehmens in Barmen. Gymnasium in Elberfeld, bis vor dem Abitur, kaufmännische Lehre 1838–1841 in Bremen, 1841 Militärdienst in Berlin, Annäherung an die Junghegelianer. 1842 in England, journalistische Tätigkeit. 1844 Zusammentreffen mit Marx. Herausgeber von dessen Werken.

Paul Feyerabend

1924–1994 Genolier (Schweiz); 1945 an der Wirbelsäule kriegsverletzt, teilgelähmt. Ab 1946 Studium der Theaterwissenschaft, Geschichte, Soziologie, Physik, Mathematik und Astronomie in Wien. Promotion 1951 bei Victor Kraft, Aufnahme in den Wiener Kreis. Zusammenarbeit mit und Kritik an Karl Popper. 1959–

1990 Professor für Philosophie in Berkeley, Tätigkeiten in Yale, London, Berlin und Zürich.

Sigmund Freud

1856–1939 in London. Ab 1873 Studium in Wien, 1881 Promotion zum Doktor der Medizin, 1885 Habilitation, Privatdozent für Neuropathologie an der Universität Wien. Privatpraxis. Emigration nach England. Werke: »Massenpsychologie und Ich-Analyse« (1921), »Die Zukunft einer Illusion« (1927), »Das Unbehagen in der Kultur« (1930).

Hans-Georg Gadamer

1900–2002 in Heidelberg. Studium in Breslau und Freiburg, Promotion 1922, Habilitation 1929 bei Martin Heidegger und Paul Friedländer; 1939 Professor für Philosophie in Leipzig, später in Frankfurt am Main (ab 1947) und Heidelberg (1949). Zentrales Werk: »Wahrheit und Methode« (1960).

Maurice Halbwachs

1877–1945 KZ Buchenwald. Studium der Philosophie bei Henri Bergson in Paris, danach Gymnasiallehrer. Lehre und Studien in Göttingen, Paris, Straßburg, Chicago. 1935 Berufung an die Sorbonne, 1944 Collège de France. Von der Gestapo verhaftet, deportiert nach Buchenwald, dort Tod.

Georg Wilhelm Friedrich Hegel

1770–1831 in Berlin. Studium der Philologie, Mathematik, Philosophie und Theologie im Theologischen Stift in Tübingen. Abschlusszeugnis 1793. Habilitation 1805, Thema: »Differenz des Fichteschen und Schellingschen Systems der Philosophie«, Professur in Jena. 1816 Ruf an die Universität Heidelberg, 1818 nach Berlin.

Johann Gottfried Herder

1744–1803 in Weimar. Studium der Theologie in Königsberg. Fürstenerzieher. Auf Vermittlung Goethes 1776 als Generalsuperintendent nach Weimar berufen. Schriften zur Kultur-, Sprachgeschichte, Religions-, Geschichtsphilosophie. Darunter: »Ideen zur Philosophie der Geschichte der Menschheit« (1784/91).

Jacques-Marie Lacan

1901–1981 in Paris. Studium der Medizin und Psychiatrie. Psychoanalytiker, Arzt für Neurologie und Psychiatrie.

Karl Marx

1818–1883 in London. Vater wohlhabender liberal-demokratischer Anwalt, zum Protestantismus übergetreten. Assimilation in der preußischen Gesellschaft. 1835 Abitur, Studium Jurisprudenz in Bonn, 1836 Berlin. 1841 Promotion in Jena: Differenz der demokritischen und epikureischen Naturphilosophie. 1844. Begegnung zwischen Marx und Engels. Lebenslange Freundschaft. Ausarbeitung der materialistischen Geschichtsauffassung, vor allem in der 1845/46 verfassten »Deutschen Ideologie«. Exil in London 1849–1883.

Friedrich Meinecke

1862–1954 in Berlin. Studium der Germanistik und Geschichte in Berlin. Schüler von Johann Gustav Droysen und Heinrich von Treitschke. Promotion 1886, Habilitation 1896; Straßburg ab 1901, 1914 in Berlin. 1893–1935 Redaktion und Herausgabe der »Historischen Zeitschrift«.

Friedrich Nietzsche

1844–1900 in Weimar. Ab 1864 Studium der klassischen Philologie und evangelischen Theologie in Bonn, 1869–1879 Professor für klassische Philologie in Basel, danach Pensionierung infolge Krankheit, Tätigkeit als freier Philosoph.

Leopold von Ranke

1795–1886 in Berlin. 1814–1818 Studium der Philologie und Theologie in Leipzig, danach Gymnasiallehrer. 1825 außerordentlicher Professor in Berlin, 1832 Mitglied der Preußischen Akademie der Wissenschaften. 1834 ordentlicher Professor. Herausgeber der »Historisch-Politischen Zeitung«, »Neun Bücher Preussischer Geschichte« (1847/8).

Paul Ricoeur

1913–2005 in Châtenay-Malabry. Studium der Philosophie an der Sorbonne. 1950 Promotion; 1957 Professur für Allgemeine Philosophie, ab 1970 Lehrtätigkeit in Chicago.

Friedrich Schiller

1759–1805 in Weimar. Rechts- und Medizinstudium in Stuttgart von 1773 bis 1779. 1789 Geschichtsprofessur in Jena auf Vermittlung Goethes; Antrittsvorlesung: »Was ist und zu welchem Ende studiert man Universalgeschichte?« Werke: »Geschichte des Dreißigjährigen Krieges« (1792), Wallenstein-Trilogie (1799).

Ernst Troeltsch
1865–1923 in Berlin. Studium in Augsburg, Erlangen, Berlin und Göttingen 1892 Professor für Systematische Theologie in Bonn, 1894 in Heidelberg 1914 Professor für Philosophie in Berlin.

Max Weber
1864–1920 in München. 1882–1886 Studium in Heidelberg, Berlin, Göttingen Rechtswissenschaft, Nationalökonomie, Philosophie, Geschichte; ab 1894 Professor für Nationalökonomie in Freiburg, ab 1897 in Heidelberg, von 1903 bis 1919 keine Lehr-, dafür aber publizistische Tätigkeit, ab 1919 wieder Professor in München.

Hayden White
Geb. 1928. Professor für Geschichte des Bewusstseins in Santa Cruz und für Vergleichende Literaturwissenschaft in Stanford.

Quellen und Literatur

Acham, Karl: Analytische Geschichtsphilosophie. Eine kritische Einführung, Freiburg 1974

Ankersmit, Frank R.: Narrative Logic. A semantic analysis of the historian‘s language, Den Haag 1983

Baberowski, Jörg: Der Sinn der Geschichte. Geschichtstheorien von Hegel bis Foucault, München 2005

Baumgartner, Hans Michael, Rüsen, Jörn (Hg.): Seminar: Geschichte und Theorie. Umrisse einer Historik, Frankfurt am Main 1976

Benjamin, Walter: Geschichtsphilosophische Thesen und Briefe, Liechtenstein 1995

Benjamin, Walter: Zur Kritik der Gewalt und andere Aufsätze, Frankfurt am Main ^{2}1971

Berding, Helmut: Leopold von Ranke, in: Wehler, Hans-Ulrich (Hg.): Deutsche Historiker I, Göttingen 1971, S. 7–24

Berger, Peter L., Luckmann, Thomas: Die gesellschaftliche Konstruktion der Wirklichkeit. Eine Theorie der Wissenssoziologie, Frankfurt am Main 1969, ^{20}2004

Blanke, Horst Walter, Rüsen, Jörn (Hg.): Von der Aufklärung zum Historismus. Zum Strukturwandel des historischen Denkens, Paderborn 1984

Bödeker, Hans Erich, Iggers, Georg G., Knudsen, Jonathan B. (Hg.): Aufklärung und Geschichte. Studien zur deutschen Geschichtswissenschaft im 18. Jahrhundert, Göttingen ^{2}1997

Bowie, Malcolm: Lacan, Göttingen 1997

Bubner, Rüdiger (Hg): Geschichte der Philosophie in Text und Darstellung, 8 Bände, Stuttgart 1995

Carr, Edward Hallett: Was ist Geschichte?, Stuttgart ^{6}1981

Chladenius, Johann Martin: Allgemeine Geschichtswissenschaft, ND Ausgabe Leipzig 1752, in: Klassische Studien zur sozialwissenschaftlichen Theorie, Weltanschauungslehre und Wissenschaftsforschung, Band 3, Wien 1985

Collingwood, Robin George: Philosophie der Geschichte, Stuttgart 1955

Conrad, Christoph, Kessel, Martina (Hg.): Geschichte schreiben in der Postmoderne. Beiträge zur aktuellen Diskussion, Stuttgart 1994

Danto, Arthur Coleman: Analytische Philosophie der Geschichte, Frankfurt am Main 1974

Dilthey, Wilhelm: Der Aufbau der geschichtlichen Welt in den Geisteswissenschaften, in: Gesammelte Schriften, Band 7, Göttingen ^{4}1965

Dilthey, Wilhelm: Texte zur Kritik der historischen Vernunft, hg. v. Lessing, Hans-Ulrich, Göttingen 1983

Döring, Eberhard: Paul K. Feyerabend zur Einführung, Hamburg 1998

Droysen, Johann Gustav: Historik, Historisch-kritische Ausgabe, hg. v. Leyh, Peter, Stuttgart 1977

Droysen, Johann Gustav: Texte zur Geschichtstheorie, hg. v. Birtsch, Günter, Rüsen, Jörn, Göttingen 1972

Eagleton, Terry: Einführung in die Literaturtheorie, Stuttgart ^{4}1997

Echterhoff, Gerald, Saar, Martin (Hg.): Kontexte und Kulturen des Erinnerns. Maurice Halbwachs und das Paradigma des kollektiven Gedächtnisses, Konstanz 2002

Eco, Umberto: Postmodernismus, Ironie und Vergnügen, in: Welsch, Wolfgang (Hg.): Wege aus der Moderne. Schlüsseltexte der Postmoderne-Diskussion, Weinheim 1988, S. 75–78

Eggert, Hartmut (Hg.): Geschichte als Literatur. Formen und Grenzen der Repräsentation von Vergangenheit, Stuttgart 1990

Eissler, Kurt R.: Goethe. Eine psychoanalytische Studie. 1775–1786, 2 Bände, München 1987

Elias, Norbert: Über den Prozess der Zivilisation. Soziogenetische und psychogenetische Untersuchungen, Bern 1939, Frankfurt am Main ^{27}2005

Erhart, Walter, Jaumann, Herbert (Hg.): Jahrhundertbücher. Große Theorien von Freud bis Luhmann, München 2000

Erikson, Erik H.: Der junge Mann Luther. Eine psychoanalytische und historische Studie, Frankfurt am Main 1975

Faber, Karl-Georg: Theorie der Geschichtswissenschaft, München ^{5}1982

Feyerabend, Paul K.: Erkenntnis für freie Menschen (EfM), Frankfurt am Main 1980, ^{6}1998

Feyerabend, Paul K.: Irrwege der Vernunft (IdV), Frankfurt am Main 1989

Feyerabend, Paul K.: Wider den Methodenzwang (WdM), Frankfurt am Main 1983, ^{8}2001

Feyerabend, Paul K.: Wissenschaft als Kunst (WaK), Frankfurt am Main 1984, ^{6}2003

Fichte, Johann Gottlieb: Von den Pflichten der Gelehrten. Jenaer Vorlesungen 1794/95, hg. v. Lauth, Reinhard, Jacob, Hans, Schneider, Peter K., Berlin 1972

Figal, Günter: Nietzsche. Eine philosophische Einführung, Stuttgart 1999

Fischer, Hans Rudi (Hg.): Die Wirklichkeit des Konstruktivismus. Zur Auseinandersetzung um ein neues Paradigma, Heidelberg 1995
Freud, Sigmund: Massenpsychologie und Ich-Analyse. Die Zukunft einer Illusion, Frankfurt am Main [7]2005
Freud, Sigmund: Das Unbehagen in der Kultur, in: Sigmund Freud. Studienausgabe, hg. v. Mitscherlich, Alexander, Richards, Angela, Strachey, James, Frankfurt am Main [8]1997
Freud, Sigmund, Breuer, Josef: Studien über Hysterie, Frankfurt am Main [5]1991
Fried, Johannes: Der Schleier der Erinnerung. Grundzüge einer historischen Memorik, München 2004
Fukuyama, Francis: Das Ende der Geschichte. Wo stehen wir?, München 1992

Gadamer, Hans-Georg: Wahrheit und Methode. Grundzüge einer philosophischen Hermeneutik, 1960, hg. v. Figal, Günter, Berlin 2007
Gatterer, Johann Christoph: Vom historischen Plan und der darauf sich gründenden Zusammenfügung der Erzählungen, in: Allgemeine historische Bibliothek, Band 1, Halle 1767, S. 15–89
Gatterer, Johann Christoph: Abhandlung vom Standort und Gesichtspunct des Geschichtsschreibers oder der teutsche Livius, in: Allgemeine historische Bibliothek, Band 5, Halle 1768, S. 3–29
Gervinus, Georg Gottfried: Grundzüge der Historik, Leipzig 1837
Glasersfeld, Ernst von: Kleine Geschichte des Konstruktivismus, in: Österreichische Zeitschrift für Geschichtswissenschaften (ÖZG) 8, 1997, S. 9–17
Glasersfeld, Ernst von: Radikaler Konstruktivismus. Ideen, Ergebnisse, Probleme, Frankfurt am Main [5]2005
Goertz, Hans-Jürgen: Umgang mit Geschichte. Eine Einführung in die Geschichtstheorie, Reinbek 1995
Groh, Dieter: Karl Marx, in: Wehler, Hans-Ulrich (Hg.): Deutsche Historiker IV, Göttingen 1972, S. 25–39
Gross, Mirjana: Von der Antike bis zur Postmoderne. Die zeitgenössische Geschichtsschreibung und ihre Wurzeln, Wien 1998

Habermas, Jürgen: Erkenntnis und Interesse, Frankfurt am Main [13]2001
Halbwachs, Maurice: Das Gedächtnis und seine sozialen Bedingungen, Frankfurt am Main 1985
Hardtwig, Wolfgang (Hg.): Über das Studium der Geschichte, München 1990
Hegel, Georg Wilhelm Friedrich: Vorlesungen über die Philosophie der Geschichte, in: Sämtliche Werke. Jubiläumsausgabe, Band 11, hg. v. Glockner, Herrmann, Stuttgart [4]1961

Herder, Johann Gottfried: Ideen zur Philosophie der Geschichte der Menschheit, in: Herders Werke in 5 Bänden, Band 4, Berlin [6]1982

Herder, Johann Gottfried: Mensch und Geschichte. Sein Werk im Grundriss, hg. v. Koch, Willi A., Stuttgart 1957

Horkheimer, Max: Anfänge der bürgerlichen Geschichtsphilosophie, Stuttgart 1930, Frankfurt am Main 1971

Huyssen, Andreas, Scherpe, Klaus R. (Hg.): Postmoderne. Zeichen eines kulturellen Wandels, Reinbek [5]1997

Iggers, Georg G.: Deutsche Geschichtswissenschaft. Eine Kritik der traditionellen Geschichtsauffassung von Herder bis zur Gegenwart, Wien [2]1997

Jaeger, Friedrich, Liebsch, Burkhard, Straub, Jürgen (Hg.): Handbuch der Kulturwissenschaften, Band 2: Paradigmen und Disziplinen, Stuttgart 2004

Jaeger, Friedrich, Rüsen, Jörn: Geschichte des Historismus. Eine Einführung, München 1992

Jameson, Fredric: Postmoderne. Zur Logik der Kultur im Spätkapitalismus, in: Huyssen, Andreas, Scherpe, Klaus R. (Hg.): Postmoderne. Zeichen eines kulturellen Wandels, Reinbek [5]1997, S. 45–102

Jung, Matthias: Dilthey zur Einführung, Hamburg 1996

Kant, Immanuel: Idee zu einer allgemeinen Geschichte in weltbürgerlicher Absicht, in: Werke in 6 Bänden, Band 6: Schriften zur Anthropologie, Geschichtsphilosophie, Politik und Pädagogik, hg. v. Weischedel, Wilhelm, Darmstadt [4]1983

Keßler, Eckhard (Hg.): Theoretiker humanistischer Geschichtsschreibung. Nachdruck exemplarischer Texte aus dem 16. Jahrhundert, München 1971

Kluxen, Kurt: Vorlesungen zur Geschichtstheorie, 2 Bände, Paderborn 1974/81

Kolmer, Lothar, Rob-Santer, Carmen: Studienbuch Rhetorik, Paderborn 2002

Kolmer, Lothar, Rob-Santer, Carmen: Geschichte schreiben. Von der Seminar- zur Doktorarbeit, Paderborn 2006

Koselleck, Reinhart: Über die Theoriebedürftigkeit der Geschichtswissenschaft, in: Conze, Werner (Hg.): Theorie der Geschichtswissenschaft und Praxis des Geschichtsunterrichts, Stuttgart 1972, S. 10–28

Krause, Detlef: Luhmann-Lexikon. Eine Einführung in das Gesamtwerk von Niklas Luhmann, Stuttgart [4]2005

Lehmann, Hartmut (Hg.): Wege zu einer neuen Kulturgeschichte, Göttingen 1995

Lorenz, Chris: Konstruktion der Vergangenheit. Eine Einführung in die Geschichtstheorie, Wien 1997
Luhmann, Niklas: Geschichte als Prozeß und die Theorie sozio-kultureller Evolution, in: Faber, Karl-Georg, Meier, Christian (Hg.): Historische Prozesse, München 1978, S. 413–440
Luhmann, Niklas: Die Gesellschaft der Gesellschaft, Frankfurt am Main 1997
Luhmann, Niklas: Die Wissenschaft der Gesellschaft, Frankfurt am Main 2005
Lyotard, Jean-François: Das postmoderne Wissen. Ein Bericht, hg. v. Engelmann, Peter, Wien [4]1999

Mann, Golo: Plädoyer für die historische Erzählung, in: Kocka, Jürgen, Nipperdey, Thomas (Hg.): Theorie der Geschichte, Band 3: Theorie und Erzählung in der Geschichte, München 1979
Marcuse, Herbert: Triebstruktur und Gesellschaft. Ein philosophischer Beitrag zu Sigmund Freud, Frankfurt am Main 1968
Marrou, Henri: Über die historische Erkenntnis. Welches ist der richtige Gebrauch der Vernunft, wenn sie sich historisch betätigt?, hg. v. Beumann, Helmut, Freiburg 1973
Marx, Karl: Das Kapital. Kritik der politischen Ökonomie, in: Marx–Engels. Werke, Band 23, Berlin [4]1969
Marx, Karl: Thesen über Feuerbach. Die deutsche Ideologie, in: Marx–Engels. Werke, Band 3, Berlin [4]1969
Meinecke, Friedrich: Die Entstehung des Historismus, in: Friedrich Meinecke. Werke, Band 3, hg. v. Hinrichs, Carl, München [4]1965
Meuter, Norbert: Geschichten erzählen, Geschichten analysieren. Das narrativistische Paradigma in den Kulturwissenschaften, in: Jaeger, Friedrich, Liebsch, Burkhard, Straub, Jürgen (Hg.): Handbuch der Kulturwissenschaften, Band 2: Paradigmen und Disziplinen, Stuttgart 2004, S. 140–155
Mill, John Stuart: A system of logic … and the methods of scientific investigation, hg. v. Robson, John M., Toronto 1981
Mommsen, Wolfgang J.: Max Weber, in: Wehler, Hans-Ulrich (Hg.): Deutsche Historiker III, Göttingen 1972, S. 65–90

Naumann, Dietrich: Literaturtheorie und Geschichtsphilosophie, Stuttgart 1979
Nietzsche, Friedrich: Vom Nutzen und Nachteil der Historie für das Leben, in: Friedrich Nietzsche, Unzeitgemäße Betrachtungen, in: Werke, Band 1, hg. v. Schlechta, Karl, Frankfurt am Main 1984, S. 109–286
Nietzsche, Friedrich: Über Wahrheit und Lüge im außermoralischen Sinn, in: Werke, Band 3, S. 1017–1030

Nietzsche, Friedrich: Werke (CD-ROM), hg. v. Schlechta, Karl, Frankfurt am Main 2006

Nünning, Ansgar (Hg.): Metzler Lexikon Literatur- und Kulturtheorie. Ansätze – Personen – Grundbegriffe, Stuttgart ³2004

Pethes, Nicolas, Ruchatz, Jens (Hg.): Gedächtnis und Erinnerung. Ein interdisziplinäres Lexikon, Reinbek 2001

Pfeiffer, Karl Ludwig (Hg.): Theorie als kulturelles Ereignis, Berlin 2001

Popper, Karl R.: Selbstbefreiung durch das Wissen, in: Reinisch, Leonhard (Hg.): Der Sinn der Geschichte. Sieben Essays, München ⁵1974

Radkau, Joachim: Max Weber. Die Leidenschaft des Denkens, München 2005

Ranke, Leopold von: Vorträge über die Epochen der neueren Geschichte, Stuttgart o.J.

Ranke, Leopold von: Historisch-kritische Ausgabe, hg. v. Schieder, Theodor, Berding, Helmut, München 1971

Raphael, Lutz: Geschichtswissenschaft im Zeitalter der Extreme. Theorien, Methoden, Tendenzen von 1900 bis zur Gegenwart, München 2003

Reinisch, Leonhard: Der Sinn der Geschichte. Sieben Essays, München ⁵1974

Ricoeur, Paul: Zeit und Erzählung, 3 Bände, München 1988/91

Ries, Wiebrecht: Nietzsche zur Einführung, Hamburg ⁷2004

Roth, Gerhard: Die Bedeutung der biologischen Wahrnehmungsforschung für die philosophische Erkenntnistheorie, in: Hejl, Peter M. (Hg.): Wahrnehmung und Kommunikation, Frankfurt am Main 1978, S. 65–78

Roth, Gerhard: Erkenntnis und Realität. Das reale Gehirn und seine Wirklichkeit, in: Schmidt, Siegfried J. (Hg.): Der Diskurs des radikalen Konstruktivismus, Frankfurt am Main ⁸2000, S. 229–255

Rüsen, Jörn: Von der Aufklärung zum Historismus. Idealtypische Perspektiven eines Strukturwandels, in: Blanke, Horst Walter, Rüsen, Jörn (Hg.): Von der Aufklärung zum Historismus. Zum Strukturwandel des historischen Denkens, Paderborn 1984

Rüsen, Jörn: Johann Gustav Droysen, in: Wehler, Hans-Ulrich (Hg.): Deutsche Historiker II, Göttingen 1971, S. 7–23

Rüsen, Jörn: Grundzüge einer Historik, Band 1: Historische Vernunft. Die Grundlagen der Geschichtswissenschaft, Göttingen 1983

Rusch, Gebhard: Erkenntnis, Wissenschaft, Geschichte. Von einem konstruktivistischen Standpunkt, Frankfurt am Main 1987

Rusch, Gebhard: Konstruktivismus und die Traditionen der Historik, in: Österreichische Zeitschrift für Geschichtswissenschaften (ÖZG) 8,1997, S. 45–75

Safranski, Rüdiger: Nietzsche. Biographie seines Denkens, Frankfurt am Main 2002
Safranski, Rüdiger: Friedrich Schiller oder Die Erfindung des Deutschen Idealismus, München 2004
Said, Edward: Götter, die keine sind. Der Ort des Intellektuellen, Frankfurt am Main 1998
Schaeffler, Richard: Einführung in die Geschichtsphilosophie, Darmstadt [3]1990
Schiffer, Werner: Theorien der Geschichtsschreibung und ihre erzähltheoretische Relevanz, Stuttgart 1980
Schiller, Friedrich: Sämtliche Werke in 5 Bänden, hg. v. Alt, Peter-André, Meier, Albert, Riedel, Wolfgang, München 2004
Schiller, Friedrich: Was heißt und zu welchem Ende studiert man Universalgeschichte? Eine akademische Antrittsrede, hg. v. Dann, Otto, Stuttgart 2006
Schiller, Friedrich: Die Verschwörung des Fiesko zu Genua, hg. v. Nahler, Edith u, Horst, Nationalausgabe, Bd. 4, Weimar 1983
Schmidt, Gustav: Wilhelm Dilthey, in: Wehler, Hans-Ulrich (Hg.): Deutsche Historiker V, Göttingen 1972, S. 54–72
Schmidt, Gustav: Ernst Troeltsch, in: Wehler, Hans-Ulrich (Hg.): Deutsche Historiker III, Göttingen 1972, S. 91–108
Schmidt, Siegfried J. (Hg.): Der Diskurs des radikalen Konstruktivismus, Frankfurt am Main [8]2000
Schmidt, Siegfried J.: Geschichte beobachten. Geschichte und Geschichtswissenschaft aus konstruktivistischer Sicht, in: Österreichische Zeitschrift für Geschichtswissenschaften (ÖZG), 8, 1997, S. 19–44
Schmidt, Siegfried J.: Geschichten & Diskurse. Abschied vom Konstruktivismus, Reinbek 2003
Schmidt, Siegfried J.: Kultur als Programm – Jenseits der Dichotomie von Realismus und Konstruktivismus, in: Jaeger, Friedrich, Liebsch, Burkhard, Straub, Jürgen (Hgg.): Handbuch der Kulturwissenschaften, Band 2: Paradigmen und Disziplinen, Stuttgart 2004, S. 85–100
Schnell, Rüdiger (Hg.): Zivilisationsprozesse. Zu Erziehungsschriften in der Vormoderne, Köln 2004
Schulin, Ernst: Friedrich Meinecke, in: Wehler, Hans-Ulrich (Hg.): Deutsche Historiker I, Göttingen 1971, S. 39–57
Southgate, Beverly C.: History: what and why? Ancient, modern and postmodern perspectives, London 1996
Steinberg, Hans-Josef: Friedrich Engels, in: Wehler, Hans-Ulrich (Hg.): Deutsche Historiker III, Göttingen 1972, S. 29–40

Süssmann, Johannes: Geschichtsschreibung oder Roman? Zur Konstitutionslogik von Geschichtserzählungen zwischen Schiller und Ranke (1780–1824), Stuttgart 2000

Tholen, Toni: Erfahrung und Interpretation. Der Streit zwischen Hermeneutik und Dekonstruktion, Heidelberg 1999

Tietz, Udo: Hans-Georg Gadamer zur Einführung, Hamburg 1999

Treibel, Annette (Hg.): Zivilisationstheorie in der Bilanz. Beiträge zum 100. Geburtstag von Norbert Elias, Opladen 2000

Troeltsch, Ernst: Gesammelte Schriften, 4 Bände, Tübingen 1912/25

Ullmaier, Johannes: Kulturwissenschaft im Zeichen der Moderne. Hermeneutische und kategoriale Probleme, Tübingen 2001

Veyne, Paul: Geschichtsschreibung und was sie nicht ist, Frankfurt am Main 1990

Weber, Max, Schriften 1894–1922, hg. v. Kaesler, Dirk, Stuttgart 2002

Weber, Max: Kritische Studien auf dem Gebiet der kulturwissenschaftlichen Logik (WL), in: Gesammelte Aufsätze zur Wissenschaftslehre, hg. v. Winckelmann, Johannes, Tübingen [4]1973

Weber, Max: Die »Objektivität« sozialwissenschaftlicher und sozialpolitischer Erkenntnis, in: Max Weber. Schriften 1894–1922, hg. v. Kaesler, Dirk, Stuttgart 2002, S. 77–149

Weber, Max: Der Sinn der »Wertfreiheit« der soziologischen und ökonomischen Wissenschaften, in: Max Weber. Schriften 1894–1922, hg. v. Kaesler, Dirk, Stuttgart 2002, S. 358–394

Weber, Max: Soziologische Grundbegriffe, in: Max Weber. Schriften 1894–1922, hg. v. Kaesler, Dirk, Stuttgart 2002, S. 643–717

Wehler, Hans-Ulrich (Hg.): Deutsche Historiker I–IX, Göttingen 1971/82

Weinrich, Harald: Literatur für Leser. Essays und Aufsätze zur Literaturwissenschaft, München 1986

Welsch, Wolfgang: Unsere postmoderne Moderne, Weinheim [6]2002

Welsch, Wolfgang (Hg.): Wege aus der Moderne. Schlüsseltexte der Postmoderne-Diskussion, Weinheim 1988

White, Hayden: Die Bedeutung der Form. Erzählstrukturen in der Geschichtsschreibung, Frankfurt am Main 1990

White, Hayden: Auch Klio dichtet oder Die Fiktion des Faktischen. Studien zur Tropologie des historischen Diskurses, Stuttgart 1986

White, Hayden: Metahistory. Die historische Einbildungskraft im 19. Jahrhundert in Europa, Frankfurt am Main 1991
Willke, Helmut: Systemtheorie. Eine Einführung in die Grundprobleme der Theorie sozialer Systeme, Stuttgart ^{6}2000
Wiseman, Timothy Peter: Clio's cosmetics. Three studies in Greco-Roman literature, Leicester 2004

Zaretsky, Eli: Freuds Jahrhundert. Die Geschichte der Psychoanalyse, Wien 2006
Zima, Peter: Moderne/Postmoderne. Gesellschaft, Philosophie, Literatur, Tübingen ^{2}2001

Anmerkungen

1 Droysen, Materialien, in: Birtsch, Rüsen, S. 56.

2 Das stellt keine Kritik am österreichischen Ausbildungswesen dar, dessen Mängel durchaus, s. PISA, bekannt sind. In anderen Ländern dürfte es sich kaum anders verhalten.

3 Faber, S. 23.

4 Vgl. Martin Morsebach, in: Südd. Zeitung 260, 11.11./12.11. 2006, S. 18.

5 Veyne, S. 104.

6 Vgl. Schmidt, Geschichte, S. 20.

7 Eagleton, S. 188.

8 Seit Mitte der 1990er Jahre setzt sich die Rede vom *Iconic Turn* zunehmend in verschiedenen Disziplinen der Geistes – und (mit einiger Verzögerung) Sozialwissenschaft durch. Der Begriff selbst – geprägt durch den anwesenden Basler Kunsthistoriker Gottfried Böhm – deutet auf eine Hinwendung der kulturwissenschaftlichen Forschung zu Fragen nach der sozialen und kulturellen Funktion von Bildern bei der Erzeugung und Strukturierung von sinnhaften Ordnungen. Ziel des im Zuge des *Iconic Turns* entstandenen Projekts einer kritischen Bildwissenschaft ist es daher auch, ein methodisches Instrumentarium zu entwickeln, das den reflektierten Umgang der kulturwissenschaftlichen Forschung mit Bildern ermöglicht und diese weder auf die Funktion schlichter Abbildungen realer »Vorbilder« reduziert noch als reine Illustrationen sprachlicher Wissensbestände versteht.

9 Artikel: Theorie, in: Handbuch philosophischer Grundbegriffe 5, 1974, S. 1486–1514.

10 S. den einschlägigen Teil des »Studienbuches Rhetorik«, von L. Kolmer und C. Rob-Santer.

11 Vgl. Kolmer, Lothar: Aporien historischer Argumentation oder wie sich Illigs 300 Jahre im Zylinderhut zusammenklappen lassen, in: Aichhorn, Ulrike, Rinnerthaler, Alfred (Hgg.): Scientia iuris et historia. Festschrift für Peter Putzer, Band 1, Egling 2004, S. 537–557.

12 Zu nennen ist etwa das »covering law Modell«. Da dies jedoch seinerseits schon Geschichte ist, braucht es nicht mehr aufgeführt zu werden.

13 Nach dem griechischen Wort für Gesetz, Norm.

14 F. Patrizi, Della historia, Venedig 1560, 18v, in: Kessler, S. 202–217; Geschichte sei das »sichere Gedächtnis der menschlichen Dinge (...) Vorratskammer für alles Wissbare und ein lehrreiches Zeugnis exemplarischer Konfusionen«. Dafür musste das Material bearbeitet, gespeichert, archiviert werden. Die Exempel blieben wichtig, aus der Geschichte ließen sich Macht-, Territorial-, Entschädigungs- Ansprüche ableiten, sie diente zur Legitimation, spielte eine Rolle bei der Ausbildung der National- und schließlich der absolutistischen Staaten.

[15] Auf der anderen Seite kann nicht verhehlt werden, dass etwa beim Kosovo-Krieg der NATO-Einsatz mit Lehren aus der Geschichte gestützt wurde, die 2007 erschienenen Memoiren von Joschka Fischer thematisieren dies. Eine wieder andere Seite stellen die Lehren aus der eigenen, der persönlichen »Geschichte« dar. Diese werden gezogen – aber durchaus sehr subjektiv.

[16] Dessen unbeschadet erstaunt, dass eine derartige Annahme heute noch in Werken mit wissenschaftlichem Anspruch erscheint, ohne groß Aufmerksamkeit oder Widerspruch hervorzurufen; so bei Johannes Fried mit Passagen wie: »Der Mensch trat nicht plötzlich aus der Hand seines Schöpfers ins Leben«, S. 86. 87, vgl. S. 134.

[17] I. Kant, Was ist Aufklärung, s. Werke 9, S. 50–61.

[18] I. Kant, Idee zu einer allgemeinen Geschichte in weltbürgerlicher Absicht, ebd., S. 33–50.

[19] Text abgedruckt bei Hardtwig, S. 31f.

[20] Ebd., S. 34f.

[21] Schillers: Werke IV.

[22] Hardtwig, S. 33 f..

[23] Hegel, S. 76.

[24] Ebd., S. 70.

[25] Ebd., S. 78.

[26] Ebd., S. 104.

[27] Ebd., S. 59–61.

[28] Materialien, in: Birtsch, Rüsen, S. 80.

[29] Thesen über Feuerbach, MEW 3, S. 533 f..

[30] Vorwort zur Kritik der politischen Ökonomie, MEW 13, S. 8 f..

[31] Deutsche Ideologie, MEW 3, S. 28–33.

[32] Das Kapital, MWE 23, S. 791.

[33] Deutsche Ideologie, MEW 3, S. 46.

[34] Deutsche Ideologie, MEW 3, 37f..

[35] Vgl. Schaeffler, S. 55.

[36] Auch eine Philosophie, S. 146f..

[37] Vgl. Ideen, S. 190 f..

[38] Auch eine Philosophie, S. 172.

[39] Ebd., S. 150.

[40] Ideen, S. 259 f..

[41] Ebd., S. 278.

[42] Ebd., S. 287.

[43] Auch eine Philosophie, S. 153 f..

[44] Über die Epochen der neueren Geschichte, S. 7.

[45] Ebd. S. 8.

[46] Ebd. S. 9.

47 Droysen, Texte, S. 35f..
48 Ebd., S. 80.
49 Vgl. Texte, S. 83.
50 Droysen, Materialien, in: Birtsch, Rüsen, S. 81.
51 Historik, S. 145.
52 Historik, S. 238.
53 Droysen, Materialien, in: Birtsch, Rüsen, S. 14.
54 Historik, S. 398.
55 Ebd., S. 146f., Lorenz, S. 147.
56 Droysen, Materialien, in: Birtsch, Rüsen, S. 15.
57 Texte, S. 56.
58 GS VII, S. 70–72, 17.
59 Ebd., S. 147 f..
60 GS V, S. 331.
61 Ebd.
62 Veyne, S. 128, 131.
63 GS III, S. 77 ff..
64 Vgl. insges. dazu Schulin, S. 42–52.
65 Ebd.
66 Vgl. insges. Kluxen, S. 191–193.
67 Logic VI, X, 3.
68 Wahrheit, S. 284 ff..
69 Ebd. S. 286–290.
70 Ebd., S. 344–358 und S. 367–382.
71 Ebd., S. 349, 375 f., 365.
72 Eagleton. S. 38 f..
73 WL, S. 215 ff.
74 Objektivität, S. 126.
75 Mommsen, S. 73.
76 Objektivität, S. 108.
77 Objektivität, S. 108 f.
78 Objektivität, S. 114 ff..
79 Objektivität, S. 108f..
80 Vgl. Sinn, S. 376–381; Baberowski, S. 132.
81 WL, S. 230, Objektivität, S. 84.
82 Vgl. Veyne S. 46, S. 51.
83 Vgl. Baberowski, S. 138.
84 S. 230.
85 S. 226 f..
86 S. 223, 226.

87 Ries, S. 43 f..
88 S. 1020–1024.
89 Gay, S. 64.
90 S. Freud, Neue Folge der Vorlesungen zur Einführung in die Psychoanalyse, Werke XV, S. 194.
91 Unbehagen, S. 207–209, 227, 241.
92 Gay, S. 14
93 Freud, Studien über Hysterie, S. 192–195; s. Schmidt, S. 45.
94 Vgl. Schmidt, S. 25 ff.; Rusch, S. 57 ff..
95 Adolf Hitler. Familienperspektiven, Frankfurt 1975.
96 Lorenz, S. 124.
97 Vgl. Eagleton, S. 87– 93.
98 Materialien, in: Birtsch, Rüsen, S. 27.
99 Prozess, S. 137 f.. Weitere Schriften: Die höfische Gesellschaft (1969), Die Gesellschaft der Individuen (1987).
100 S. hierzu Schmidt, Geschichte, S. 23–45.
101 S. ebd. S. 31, 41.
102 Fried, S. 199. Er fordert eine Kooperation mit den Neurowissenschaften, dazu die historische Verhaltensforschung, ebenso die Kulturanthropologie und Ethnologie. Die Psychologie muss zur historischen Hilfswissenschaft werden. Ob der Historiker allerdings Schritt um Schritt zurück gehen kann, um die subjektiven Wahrnehmungs- und Encodierungsbedingungen zu durchleuchten, fragt sich (s. S. 276).
103 Rusch, Konstruktivismus, S. 46.
104 Danto, S. 294, 133, 230, 215, 254.
105 Meutner, S. 153, 145f..
106 Vgl. die Ausführungen in: Kolmer/Rob-Santer, Schreiben, S. 47–51.
107 Das postmoderne Wissen, S. 54, 96 ff..
108 Schaeffler, S. 321–323.
109 Jameson, S. 50 ff..
110 Welsch, S. 245.
111 Eco, Postmodernismus, in: Welsch, S. 75–78.
112 WdM, S. 31f..
113 EfM, S. 9.
114 WdM, S. 216f..
115 Döring, S. 63,67; WdM, S. 290.
116 WaK, S. 40-45.
117 IdV, S. 19, 28.

Register